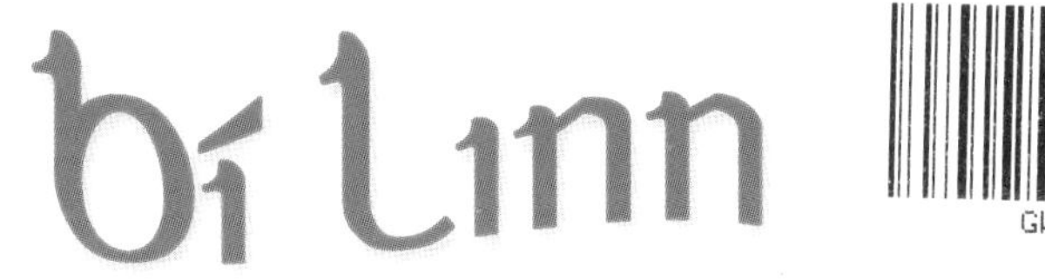

Leabhar Gaeilge do bhliain 8/9.

An Chéad Chló : Eanáir 2008.

Nuala Mhic Craith

1SBN: 978-1-901032-13-0

Foilsitheoirí / Publishers: ©Preas Ultach/Ulster Press

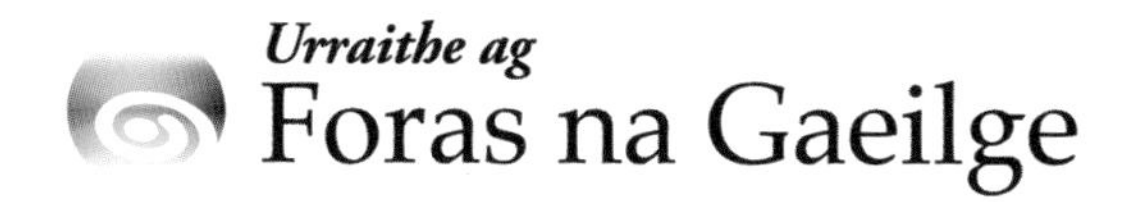

Réamhrá
Tá ábhar an leabhair seo bunaithe ar Chlár Staidéir CEA dóibh siúd atá ag toiseacht ar fhoghlaim na Gaeilge in Eochairchéim 3.
Tá iarracht déanta riar ar éilimh Chlár na dTeangacha agus ar riachtanais na bhfoghlaimeoirí óga sin. Ag an am céanna, rinneadh an-iarracht leagan amach an ábhair a dhéanamh tarraingteach, nuálach agus tá tacaíocht ar fáil do na scoláirí i ngach aonad den leabhar ó thaobh leagan síos spriocanna féin-foghlama de. Tá liosta cuimsitheach focal ar fáil ag deireadh na n-aonad agus tá dánta beaga, finscéalta, eolas faoi logainmneacha agus gnéithe eile d'oidhreacht na tíre, fite fuaite fríd an leabhar. Ar a bharr sin, tá cleachtaí beaga gramadaí ar fáil ag deireadh na n-aonad agus tá na téacsanna éisteachta le fáil i gcúl an leabhair.

Buíochas
Ba mhaith liom buíochas ó chroí a ghabháil leis na daoine seo a leanas a chuidigh liom le linn na hoibre:
- Foras na Gaeilge a cheadaigh deontas don obair agus oifigigh an Fhorais a chuir comhairle orm agus a thug an-tacaíocht dom i rith an ama.
- Peadar Ó Catháin, Coláiste Mhuire agus Phádraig, an Cnoc, Béal Feirste, a léigh na profaí.
- Mo dhearthair cleamhnais, Robbie Hannan, a scríobh na nótaí faoi na logainmneacha.

Tá mé iontach buíoch de na daoine seo a leanas a chuir grianghrafanna ar fáil:
- Mo dheirfiúr Maura agus mo dhearthair cleamhnais, Paddy Larkin, a chuir cuid mhór grianghrafanna teaghlaigh ar fáil dom.
- Mo neachtanna: Úna Méabh, Róisín (agus a seanathair agus a seanmháthair John agus Marie Rooney), Laoise, Ciara, Róise agus Aoibheann agus mo nianna : Éamann, Cormac, Patrick agus Dáire a thug cead dom a ngrianghrafanna a fhoilsiú.
- Clann Larkin: Patrick agus Bridie (Athair agus máthair mo dhearthair cleamhnais Paddy), Amy agus Ashlinn Russell, (Ardscoil Chiaráin, Baile Uí Dhálaigh) agus a ndearthair Michael, Christopher Mc Guinness (Coláiste Cholmáin, an tIúr) Niamh (Scoil na Maighdine Muire, an tIúr) agus Niall Phillips (Ardscoil Naomh Póil, an Sruthán).
- Maura agus Cait Bird (Bunscoil Naomh Colmcille, An Baile Meánach).
- Scoláirí Dhún Liam : Jamie-Lee, Chloe, Aisling, Lucy, Lyndsay, Sarah agus Meabh (Bliain 8), Beth agus Megan Kirkpatrick (Bliain 9), Seanna, Shauna, Ciara, Sara agus Sineád (Bliain 14), agus Joe Connolly (múinteoir Gaeilge).
- Scoláirí Choláiste Mhuire agus Phádraig, an Cnoc : Aoibhín O'Neill agus Oisín Hughes (Bliain 8).
- Iarscoláirí Scoil an Droichid 2007 - Fionn, Prionsias, agus Jamie-Lee.
- M'fhear céile Denis a bhí i mbun cuid mhaith den ghriangrafadóireacht agus mo mhac Marcas a thug an-chuidiú le linn na hoibre.
- Michael Mc Kiernan, Creative Graphics/Shanway Press Béal Feirste, a rinne an leagan amach agus a chuir roinnt mhaith grianghrafanna pearsanta ar fáil dom chomh maith.

Nuala Mhic Craith
Eanáir 2008

Clár an Leabhair

Bí Linn!

Foilsitheoirí / Publishers: Preas Ultach/Ulster Press

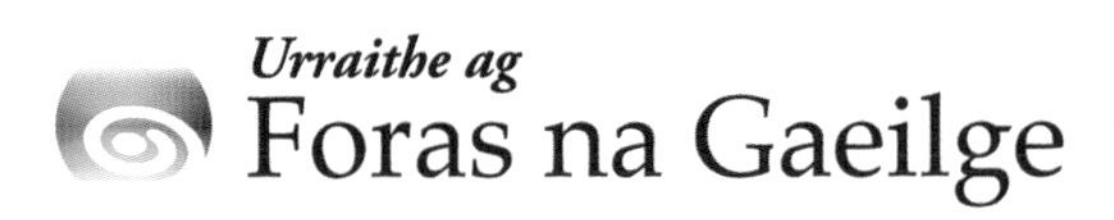

Aonad a hAon:
Saol na Scoile.

In this unit you will learn to

- Identify and label common classroom objects.
- Understand simple classroom instructions.
- Talk about where you go to school, what class you are in, how many pupils there are in your class/school.
- Describe your school uniform and say what you like/dislike about it.
- Understand and respond to questions about the time you leave the house/ arrive at school/ leave school etc.
- Express your opinion about your school.
- Use a small range of verbs accurately to describe school routine/ activities.
- Read common signs and notices associated with school life.

At the end of the unit you should be able to

- Give and respond to classroom instructions.
- Talk about school routine.
- Express simple views /opinions about your school.
- Understand others talking about their school.
- Work with other pupils to complete simple role plays /carry out classroom instructions.
- Intrepret simple written messages / classroom signs.
- Complete with an acceptable level of accuracy simple writing tasks.

To help achieve the best possible progress you should

- Use opportunities to work with another pupil.
- Learn the key vocabulary and phrases identified in the learning boxes.
- Record your oral answers on your MP3 player/ipod.
- Review and correct with care all pieces of written work.
- Set yourself a few specific learning targets every week.

Amharc ar na pictiúir thíos agus cleacht na habairtí /focail le do mhúinteoir. Cuir agus freagair an cheist " Cad é sin?"
Look at the pictures below illustrating common classroom objects and practise the phrases /words with your teacher.

Is clár bán é sin.

Is cófra é sin.

Is clár fógraí é sin.

Is doras é sin.

Is fuinneog í sin.

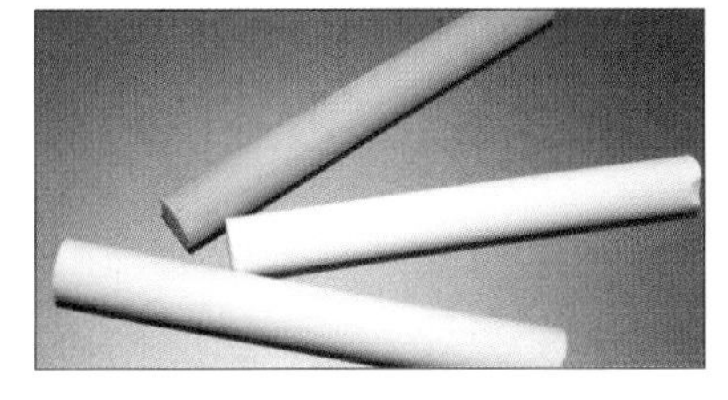

Is píosa cailce é sin.

.Is glantóir é sin.

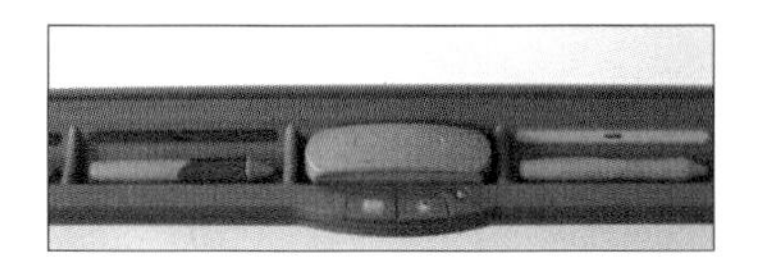

Is pinn chlár bán iad sin.

Is bosca bruscair é sin.

Is peann luaidhe é sin.

Is téacsleabhar é sin.

Is rialóir é sin.

Is leabhar nótaí é sin.

Is peann dearg é sin.

Is mála scoile é sin.

Is bosca peann luaidhe é sin.

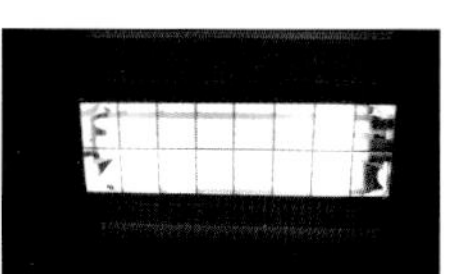

Is solas é sin.

Is tábla é sin.

Is urlár é sin.

Is osteilgeoir é sin.

Is radaitheoir é sin.

Is cathaoir í sin.

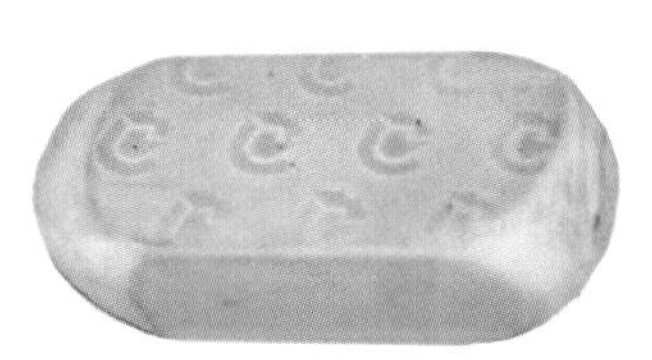

Is scriosán é sin.

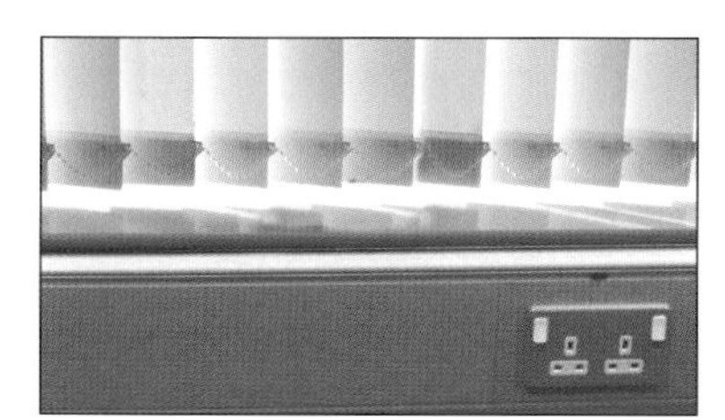

Is leac na fuinneoige é sin.

Is seinnteoir é sin.

2. Now ask what colour each object is. Begin by practising both the question " Cad é an dath atá ar an pheann/pheann luaidhe?" etc as well as the words in the learning box below.

Seo roinnt samplaí duit.

A. Cad é an dath atá ar an pheann?
Tá an peann dearg.

B. Cad é an dath atá ar an pheann luaidhe?
Tá an peann luaidhe gorm.

C. Cad é an dath atá ar an leabhar nótaí?
Tá an leabhar nótaí glas.

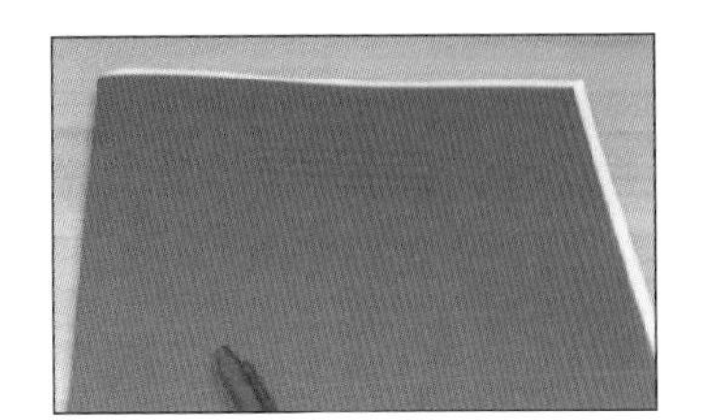

D. Cad é an dath atá ar an mhála scoile?
Tá an mála scoile dubh.

Seo roinnt dathanna - cleacht le do mhúinteoir agus ansin foghlaim iad!

Bán White	Bándearg Pink	Buí Yellow
Corcra Purple	Dearg Red	Donn Brown
Dubh Black	Dúghorm Navy	Gorm Blue
Glas Green	Ildaite Multicoloured	Liath Grey

3. Now ask where each classroom object is located. Begin by practising both the question " Cá háit a bhfuil an peann/ cófra/mála scoile? " etc as well as the phrases in the learning box below.

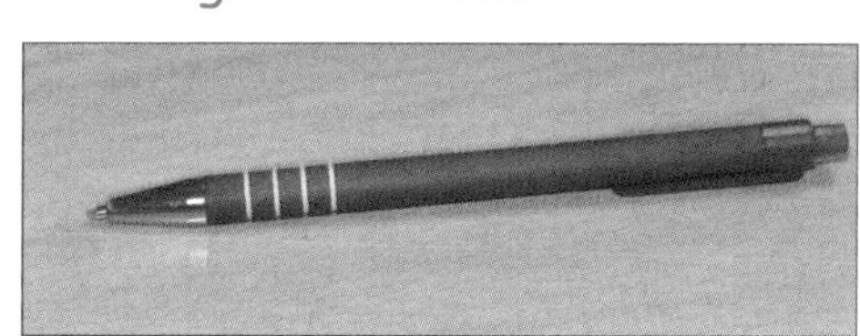

Seo roinnt samplaí duit.

A. Cá háit a bhfuil an peann dearg?
Tá an peann dearg ar an tábla.

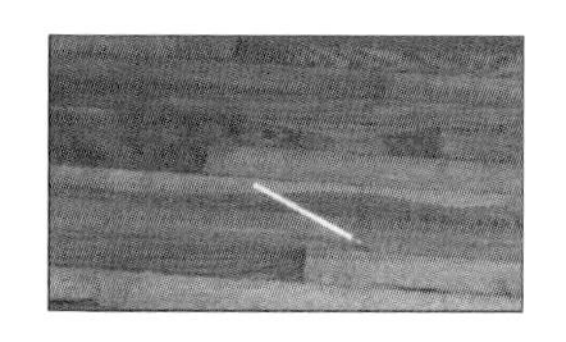

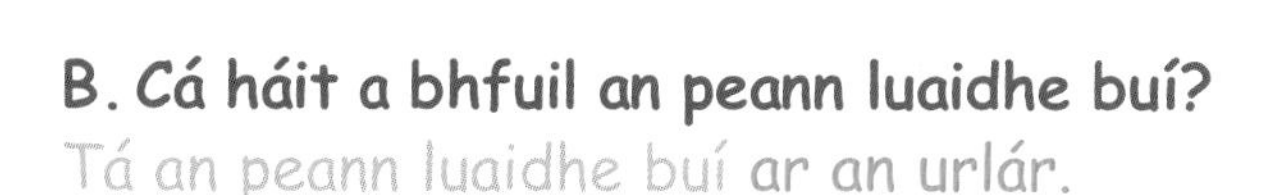

B. Cá háit a bhfuil an peann luaidhe buí?
Tá an peann luaidhe buí ar an urlár.

C. Cá háit a bhfuil an mála scoile dubh?
Tá an mála scoile dubh faoin chathaoir.

D. Cá háit a bhfuil an bosca bruscair liath?
Tá an bosca bruscair liath taobh leis an doras.

E. Cá háit a bhfuil an t-osteilgeoir?

Tá an t-osteilgeoir in aice leis an chlár bán.

Seo roinnt samplaí eile - cleacht le do mhúinteoir agus ansin foghlaim iad.

Ag barr an tseomra ranga- at the top of the classroom
Ag cúl an tseomra ranga - at the back of the classroom
Ag an fhuinneog - at the window
Ar an chlár bán -on the white board
Faoin tábla - under the table
In aice leis an doras - near the door
Taobh leis an chófra - beside the cupboard

1. Éist leis an eolas ar an dlúthdíosca agus ansin freagair na ceisteanna i do leabhar.

Listen to the material on the CD and then answer the questions below/ write the correct number beside each illustration.

Tá sampla déanta duit.

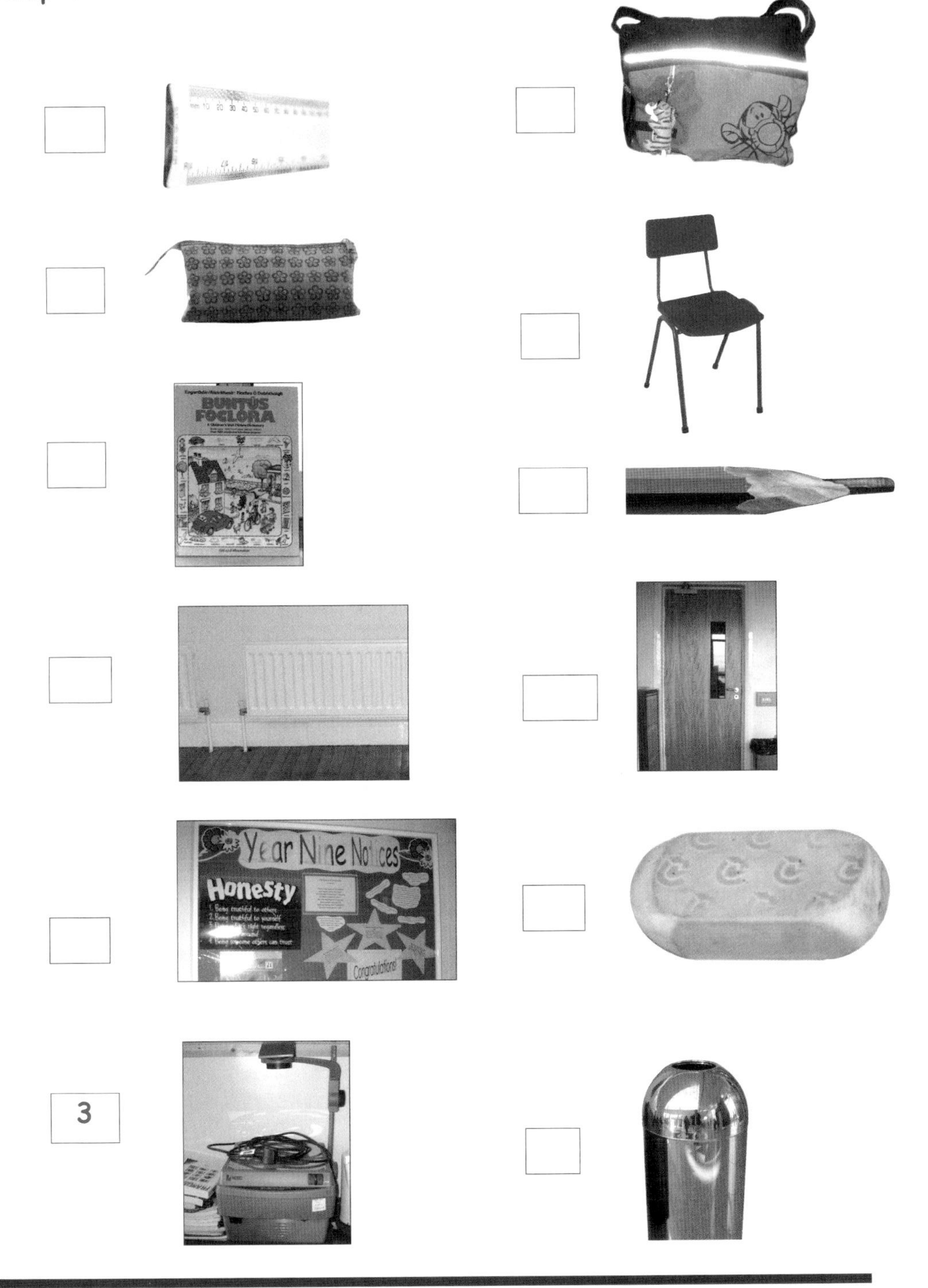

2. Éist leis an dlúthdíosca agus ansin scríobh isteach an dath cuí taobh le gach léaráid.

Listen to the material on the CD and then select and write in the correct colour beside each object illustrated.

Tá sampla déanta duit.

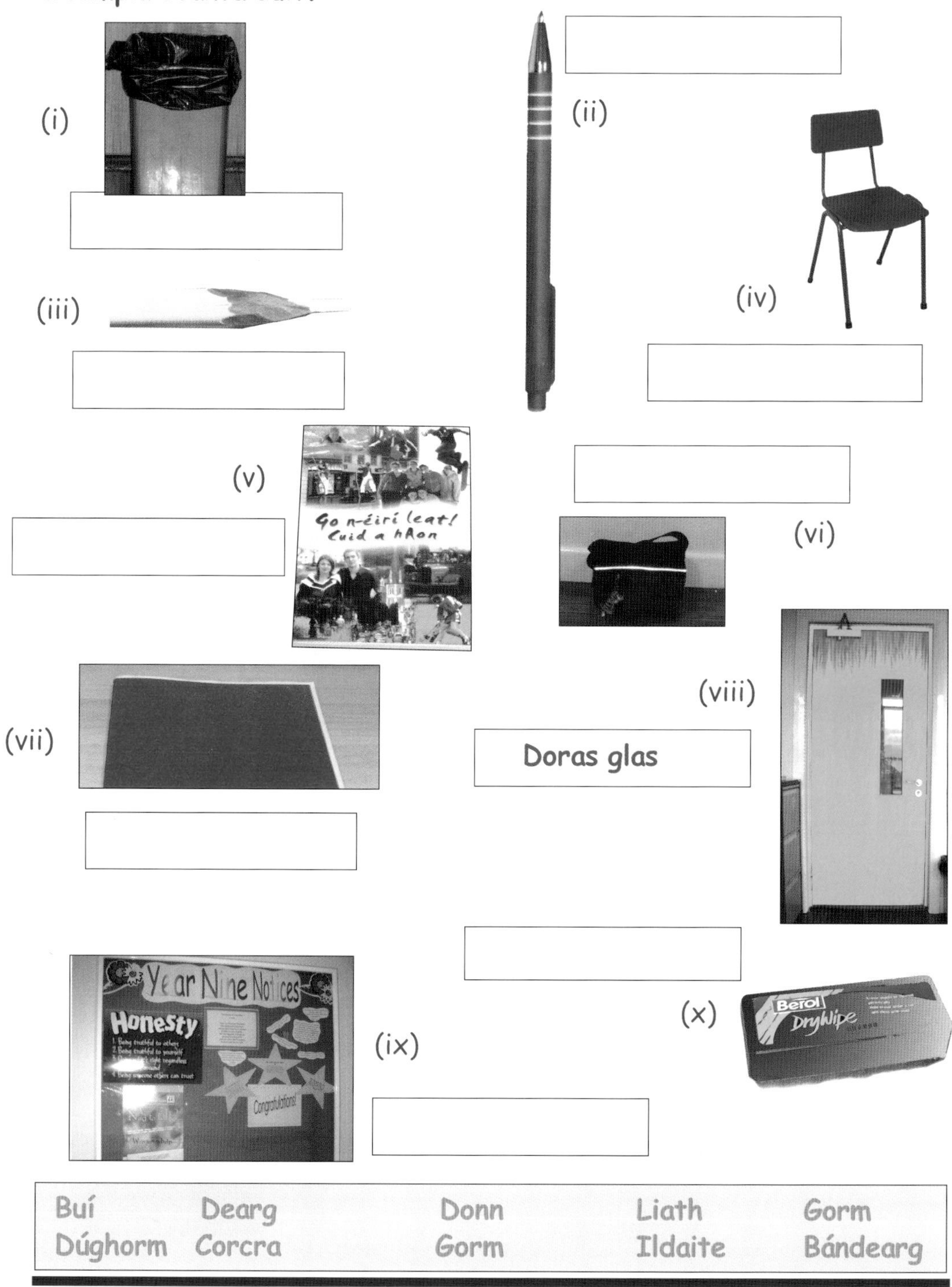

(i)

(ii)

(iii)

(iv)

(v)

(vi)

(vii)

(viii) Doras glas

(ix)

(x)

Buí	Dearg	Donn	Liath	Gorm
Dúghorm	Corcra	Gorm	Ildaite	Bándearg

3. Éist leis an eolas ar an dlúthdíosca agus ansin freagair na ceisteanna i do leabhar.

Listen to the material on the CD and then write in the correct number beside the illustration, according to the order given.

1.

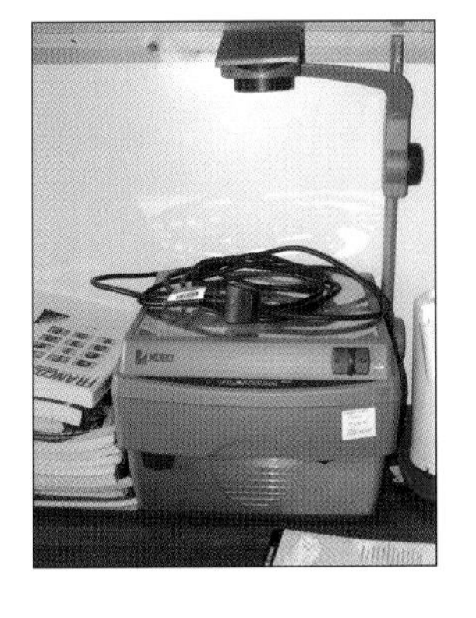

4. Now you will learn to give and respond to classroom commands. Begin by practising with your teacher the classroom requests illustrated below.

Cad é an t-ord?

Oscail an doras.

Gabh isteach.

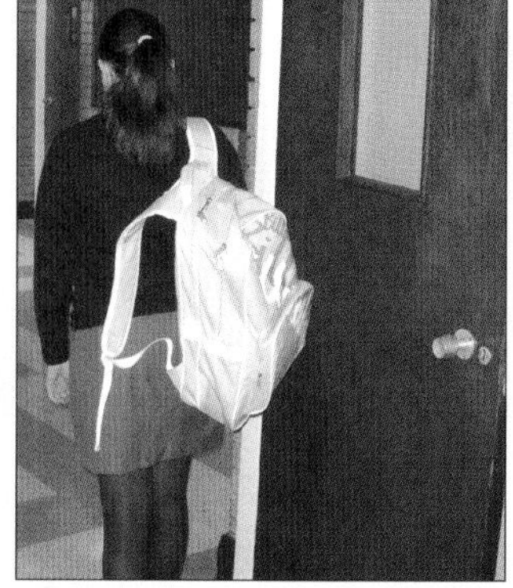

Gabh amach.

Druid an doras.

Seas Suas.

Suigh síos.

Amharc ar an chlár bán.

Éist leis an mhúinteoir.

Cad é an t-ord?

Oscail do leabhar nótaí.

Scríobh síos na habairtí.

Tabhair dom peann dearg.

Tóg an píosa páipéar.

Tabhair aird.

Foghlaim na habairtí.

Bí ciúin.

Lámha in airde.

Obair bheirte

Now practice giving and responding to classroom commands with a friend. Each of you should try to give and respond to 5 different commands/requests.

Ar aghaidh libh!

5. Now look at ways of telling someone not to do something.

Cleacht na samplaí thíos le do mhúinteoir agus ansin foghlaim iad.

X Ná gabh amach.

X Ná bí ag ithe.

X Ná bí ag ól.

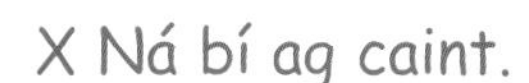

X Ná bí ag caint.

X Ná seas suas.

X Ná suigh síos.

X Ná bí ag rith.

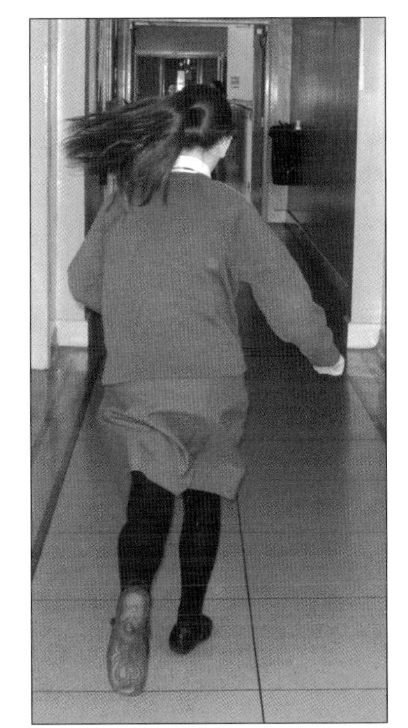

X Ná hoscail an fhuinneog.

6. Now you will learn to ask and respond to simple questions about your school. Begin by practising with your teacher the questions and answers illustrated below and then ask for this information from a friend.

(a) To ask where someone is at school we say

"Cá bhfuil tú ar scoil?"

(b) To ask what year they are in we say

"Cén bhliain ina bhfuil tú?"

Seo roinnt freagraí samplacha :

Is mise Patrick.
Téim ar scoil i mBunscoil Naomh Áine, i mBéal Feirste theas.
Tá mé i mbliain a seacht. (Primary 7).

(c) To ask what type of school it is we say "Cén sórt scoile í?"

Is mise Jamie-Lee. Is scoláire i gColáiste Dhún Liam mé.
Is scoil ghramadaí í. Tá mé i mbliain a hocht. (Year 8)

Is mise Oisín. Tá mé ag freastal ar Choláiste Mhuire agus Phádraig i mBéal Feirste Theas. Is scoil ghramadaí í.
Tá mé i mbliain a hocht. (Year 8)

Is mise Laoise.
Is scoláire mé i scoil na Maighdine Muire.
Is bunscoil í. Tá mé i mbliain a sé. (Primary 6)

Seo roinnt abairtí le cuidiú leat na ceisteanna a fhreagairt. Cleacht le do mhúinteoir iad agus ansin foghlaim iad.

Ardscoil	High School	Bliain a sé	Primary 6
Bunscoil	Primary School	Bliain a seacht	Primary 7
Gaelscoil	Irish Medium School	Bliain a hocht	Year 8
Méanscoil	Secondary School	Bliain a naoi	Year 9
Scoil Ghramadaí	Grammar School	Bliain a deich	Year 10

7. Now you will learn to ask someone if they like school.
To ask this we say *"An maith leat an scoil?"*

Seo roinnt freagraí samplacha :

"Is maith liom mo scoil féin mar tá mo chairde uilig ann"

(I like my own school because all my friends are there)

"Ní maith liom mo scoil féin mar tá sí rómhór."

(I don't like my own school because it is too big)

" Is fuath liom mo scoil féin mar tá sí róbheag"

(I hate my own school because it is too small)

"Ní miste liom mo scoil féin. Tá sí maith go leor."

(I don't mind my own school. It is O.K.)

Anois cuir agus freagair an cheist thuas!

8. Now you will learn to ask someone how many there are in his /her class

To ask this we say *"Cá mhéad scoláire atá i do rang?"*

Seo roinnt freagraí samplacha :

Tá duine is fiche sa rang s'agamsa. *(21 in my class)*

Tá cúig scoláire is fiche i mo rang. *(25 in my class)*

Tá seacht scoláire is fiche i mo rangsa. *(27 in my class)*

Seo roinnt samplaí eile.
Cleacht le do mhúinteoir iad agus ansin foghlaim iad!

Fiche scoláire (20 pupils) Ocht scoláire is fiche (28 pupils)
Tríocha scoláire (30 pupils) Scoláire is tríocha (31 pupils)

8. Now you will learn to describe your school uniform and to ask someone else to describe his/her uniform.
To ask this we say *"Déan cur síos ar d'éide scoile."*
Seo roinnt freagraí samplacha :

Is mise Jamie-Lee. Téim ar scoil i gColáiste Dhún Liam i mBéal Feirste. Caithim gúna glas, carbhat glas agus liath, geansaí glas, léine bhán, casóg ghlas agus bróga dubha. Ní miste liom an éide scoile ach ní maith liom an dath.

Is mise Oisín. Tá mé ag freastal ar Choláiste Mhuire agus Phádraig, an Cnoc, Béal Feirste. Caithim bríste dubh, casóg dhubh, léine bhán, carbhat gorm, bán agus liath agus bróga dubha.

Is mise Ashlinn. Tá mé ag freastal ar scoil Naomh Chiaráin i mBaile Uí Dhálaigh. Caithim sciorta gorm, léine ghorm, geansaí liath agus carbhat gorm agus dubh.

Is mise Christopher. Téim ar scoil i gColáiste Cholmáin. Caithim casóg ghorm, léine ghorm, carbhat liath agus gorm agus geansaí liath. Caithim bríste liath agus bróga agus stócaí dubha.

Seo roinnt abairtí le cuidiú leat. Cleacht le do mhúinteoir iad agus ansin foghlaim iad!

Bríste	Trousers	Bróga	shoes	Carbhat	Tie
Casóg	Blazer	Geansaí	sweater	Gúna	tunic
Léine	shirt	Sciorta	skirt	Stocaí	socks

Síneadh Ábhar

9. Now ask your friend /partner if he /she likes the uniform.
To ask this we say "*An maith leat an éide scoile?*"

Seo roinnt freagraí samplacha:

Is maith liom m'éide scoile.
Is breá liom an dath.
(I love the colour)

Ní miste liom í ach b'fhearr liom sciorta.
(I would prefer a skirt)

Is fuath liom an dath. B'fhearr liom éide scoile dúghorm.
(I would prefer a navy uniform)

Tá m'éide scoile díreach maith go leor.
(My uniform is just O.K.)

Anois cuir agus freagair an cheist thuas!

10. Now ask your friend /partner what time school begins/ends etc.
To begin you will learn to talk about different times of the day.
(a)To ask what time it is we say: **"Cad é an t-am é?"**

Seo roinnt abairtí le cuidiú leat.
Cleacht le do mhúinteoir iad agus ansin foghlaim iad!

Tá sé a naoi a chlog.

Tá sé cúig i indiaidh a naoi.

Tá sé deich i indiaidh a naoi.

Tá sé ceathrú i indiaidh a naoi.

Tá sé fiche i indiaidh a naoi.

Tá sé fiche a cúig i indiaidh a naoi.

Tá sé leath i ndiaidh a naoi.

Tá sé fiche a cúig go dtí a deich.

Tá sé fiche go dtí a deich.

Tá sé ceathrú go dtí a deich.

Tá sé deich go dtí a deich.

Tá sé cúig go dtí a deich.

Tá sé a deich a chlog.

(b)To ask what time school starts we say :
"Cén t-am a dtosaíonn an scoil?"
Seo roinnt freagraí samplacha :

Tosaíonn an scoil s'agamsa ar a naoi a chlog.

Tosaíonn an scoil gach lá ar fiche a cúig i ndiaidh a naoi.

Tosaíonn an scoil ar maidin ar ceathrú i ndiaidh a naoi.

Anois cuir agus freagair an cheist thuas!

11.To ask what time school finishes we say :
"Cén t-am a gcríochnaíonn an scoil?"
Seo roinnt freagraí samplacha :

Críochnaíonn an scoil gach lá ar a trí a chlog.

Críochnaíonn an scoil s'agamsa ar leath i ndiaidh a trí.

Críochnaíonn an scoil ar fiche a cúig go dtí a ceathair.

12.To ask what time lunchtime is we say "Cén t-am a mbíonn am lóin ann?"
Seo roinnt freagraí samplacha :

Bíonn am lóin ann ar leath i ndiaidh a dó dhéag.

Bíonn lón againn ar ceathrú go dtí a haon.

Ithim mo lón ar ceathrú i ndiaidh a haon.

Anois cuir agus freagair na ceisteanna thuas !

Seo tuilleadh abairtí ama eile le cuidiú leat. Cleacht le do mhúinteoir iad agus ansin foghlaim iad!

Tá sé a haon a chlog.

Tá sé a dó a chlog.

Tá sé a trí a chlog.

Tá sé a ceathair a chlog.

Tá sé a cúig a chlog.

Tá sé a sé a chlog.

Tá sé a seacht a chlog.

Tá sé a hocht a chlog.

Tá sé a naoi a chlog.

Tá sé a deich a chlog.

Tá sé a haon déag a chlog.

Tá sé a dó dhéag a chlog.

Éist leis an eolas ar an dlúthdíosca agus ansin freagair na ceisteanna i do leabhar.

4. Éist leis na scoláirí seo a leanas ag caint agus ansin cuir líne faoi na habairtí atá fíor.

Listen to these pupils talking and then underline the phrases which are true. An example has been done for you.

- Brian is eleven years old.
- He attends a Primary School.
- He is in Year 7.
- Una is 12 years old.
- She attends an Irish Medium School.
- She is in Year 8.
- Her school finishes at 3.30.
- Liam attends school in Enniskillen.
- His school is a high school.
- Síle is at Primary School.
- She is 9 years old.
- She is in Primary 6.

5. Éist leis na scoláirí seo a leanas ag caint faoina scoileanna agus ansin cuir líne faoi na ráitis atá fíor.

Listen to these pupils talking about their schools and then underline the phrases which are true. An example has been done for you.

1. Jessica attends school in Belfast.
2. She wears a navy unifrom.
3. <u>She says she does not like the colour.</u>
4. Cormac is in Year 8.
5. He wears a grey sweater and grey trousers.
6. His school is in North Belfast.
7. Laoise is in Year 7.
8. There are 28 pupils in her class.
9. She wears a yellow sweatshirt as part of her uniform.
10. Oisín is in Year 8.
11. There are 26 pupils in his class.
12. He wears a navy blazer as part of his uniform.

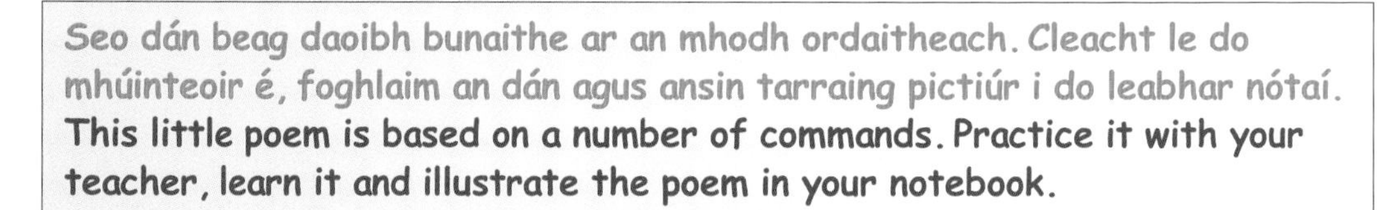

Seo dán beag daoibh bunaithe ar an mhodh ordaitheach. Cleacht le do mhúinteoir é, foghlaim an dán agus ansin tarraing pictiúr i do leabhar nótaí.

This little poem is based on a number of commands. Practice it with your teacher, learn it and illustrate the poem in your notebook.

Cnag ar an doras

Cnag ar an doras
Is féach isteach;
Bain díot do hata
Is siúil isteach;
Suigh ar an stól
Is bí ag ól;
Is cad é mar atá tú ar maidin?

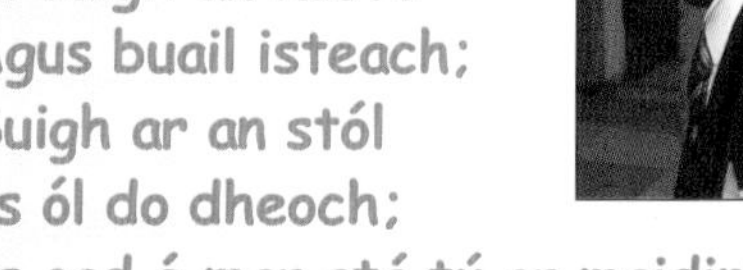

Cnag ar an doras
Is féach isteach;
Ardaigh an laiste
Agus buail isteach;
Suigh ar an stól
Is ól do dheoch;
Is cad é mar atá tú ar maidin?

1. Amharc ar an trealamh ranga thíos agus ansin scríobh an focal/abairt cheart ón liosta ag bun an leathanaigh.
Tá sampla déanta duit.

Look at the items of classroom equipment illustrated below and select the correct word/phrase for each one from the box at the bottom of the page. An example has been done for you.

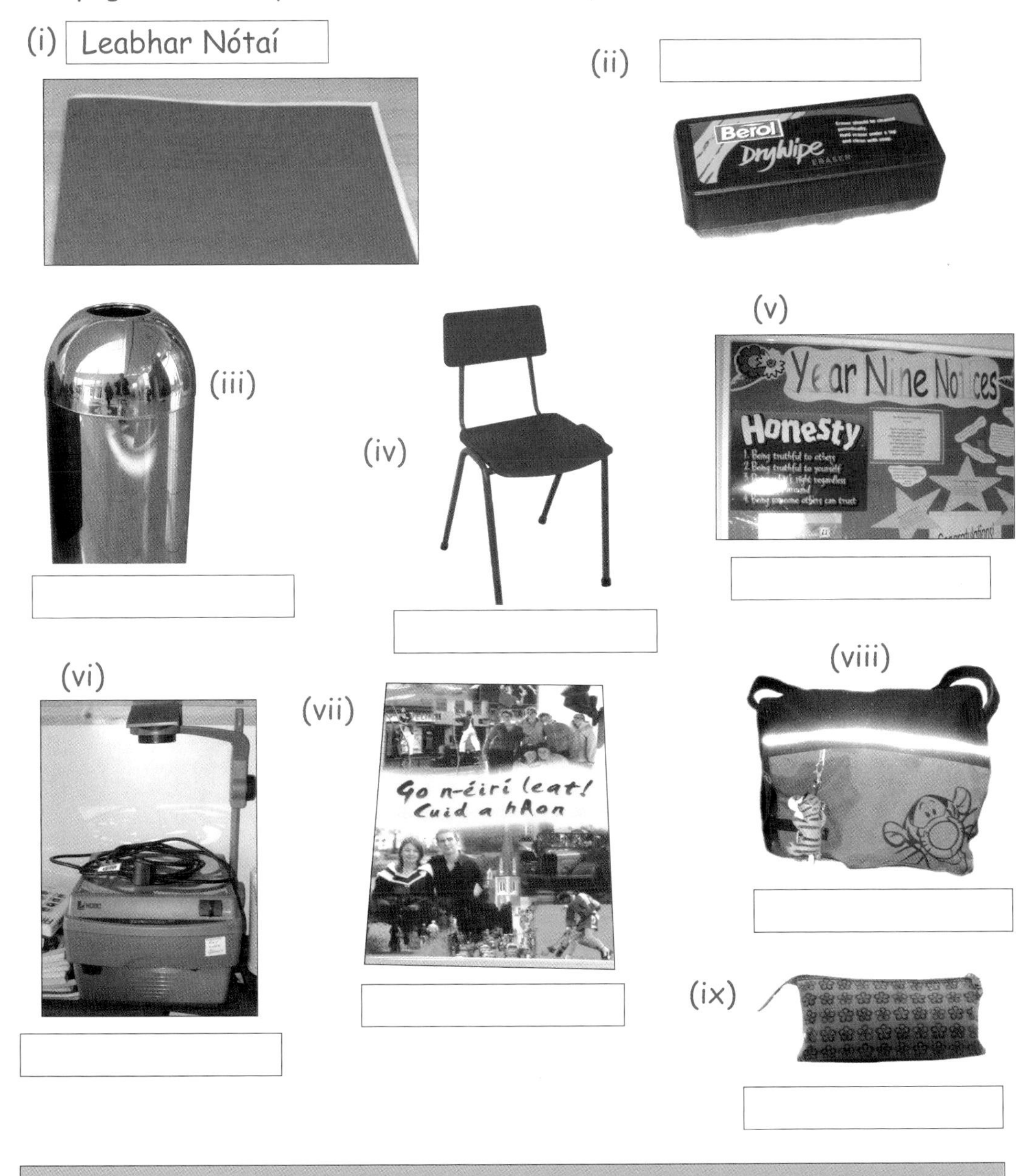

Clár na bhFógraí	Cathaoir	Mála Scoile
Téacsleabhar	Glantóir	Bosca peann luaidhe
Osteilgeoir	Bosca bruscair	Leabhar nótaí

2. Amharc na héadaí scoile thíos agus ansin scríobh an focal/abairt cheart ón liosta ag bun an leathanaigh. Tá sampla déanta duit.

Geansaí allais gorm

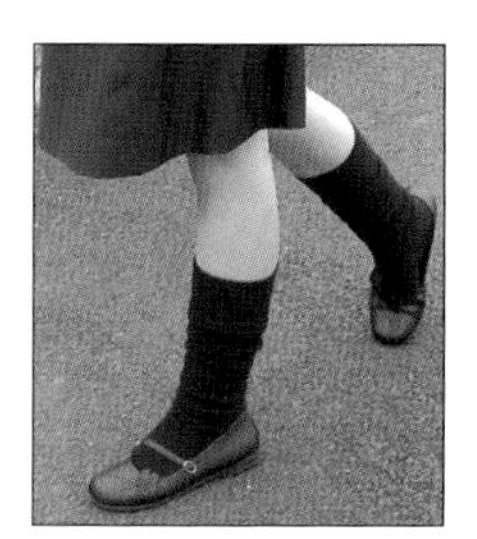

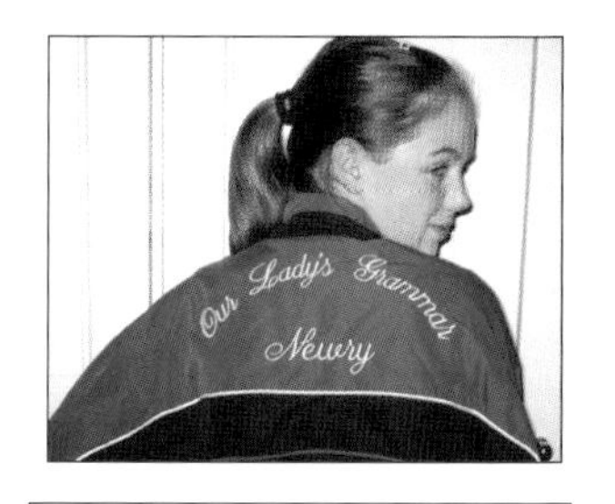

Carbhat gorm, bán agus liath	Casóg dhubh
Léine ghorm	Gúna glas
Sciorta dúghorm	Culaith spóirt/reatha
Bróga dubha	Geansaí allais gorm

3. Amharc ar na cloig thíos agus ansin scríobh an t-am ceart faoi gach ceann acu. Tá sampla déanta duit.

4. Amharc ar na pictiúir thíos agus ansin críochnaigh an abairt faoi gach ceann acu. Tá sampla déanta duit.

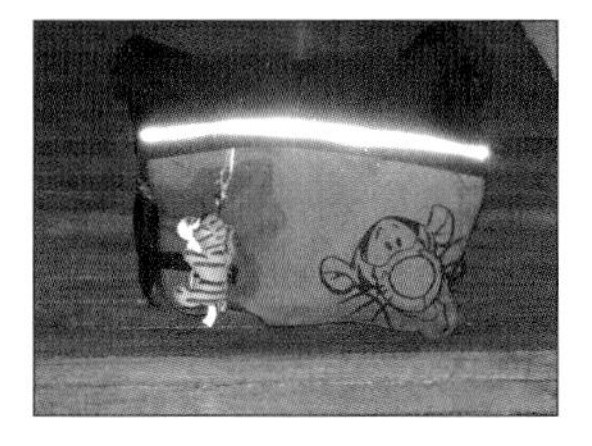

(i) Tá an mála scoile ar an urlár.

(ii) Tá an bosca bruscair taobh leis an doras.

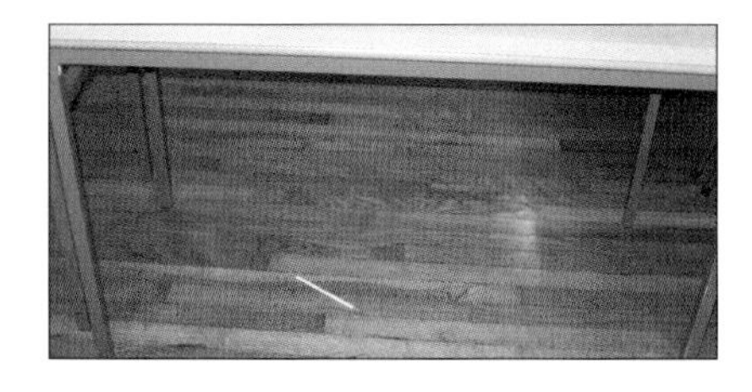

(iii) Tá an peann luaidhe __________tábla.

(iv)
Tá an leabhar ar _________na fuinneoige.

(v)Tá an ghirseach ina suí
___________ an chathaoir.

(vi) Tá an gasúr ina
sheasamh___________
leis an chlár bán.

(vii) Tá na leabhair ___ chófra.

1. At the beginning of this unit we used the question "Cad é sin?" to ask what something was.

Seo roinnt de na samplaí a bhí ann :

"Cad é sin?"
Is peann luaidhe glas é sin.

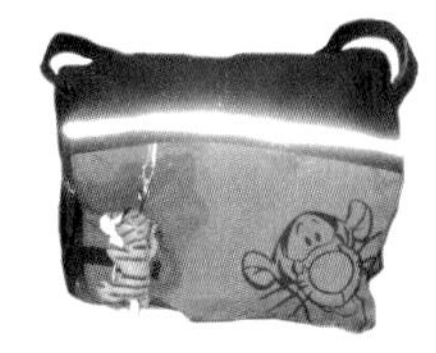

"Cad é sin?"
Is bosca bruscair liath é sin.

"Cad é sin?" *Is mála scoile dubh é sin.*

To ask if it is a green pencil/grey bin etc , we replace " Is " with the question form "An"

An peann luaidhe glas é sin?
Sea.

An bosca bruscair gorm é sin?
X Ní hea. Is bosca bruscair liath é.

An mála scoile dubh é sin?
Sea.

An peann gorm é sin?

X Ní hea. Is peann dearg é.

*** To answer yes we say "Sea", to answer no we say "Ní hea"**

To say it is not a blue pencil/green bin etc, we replace "Is" with the negative form "Ní "

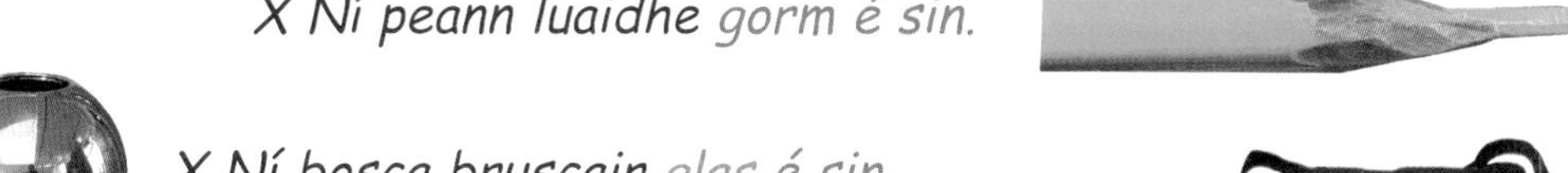

X Ní peann luaidhe gorm é sin.

X Ní bosca bruscair glas é sin.

X Ní mála scoile dúghorm é sin.

To ask is it **not** a green pencil/grey bin etc , we replace "Is" with the negative question "Nach"

Nach peann luaidhe glas é sin?

Nach bosca bruscair liath é sin?

Nach mála scoile dubh é sin?

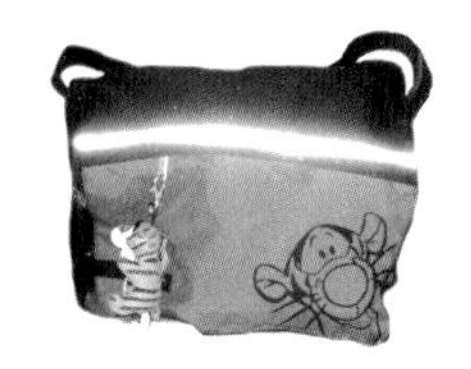

Cleachtadh a hAon

Anois amharc ar na pictiúir thíos agus scríobh an abairt chuí de réir na samplaí atá tugtha.

Now write the correct phrase below each of the pictures, according to the examples given.

* (Positive statement)	*Is peann luaidhe glas é sin.*
X (Negative statement)	*Ní bosca bruscair liath é sin.*
? (Positive question)	*An mála scoile dubh é sin?*
X? (Negative question)	*Nach peann luaidhe glas é sin?*

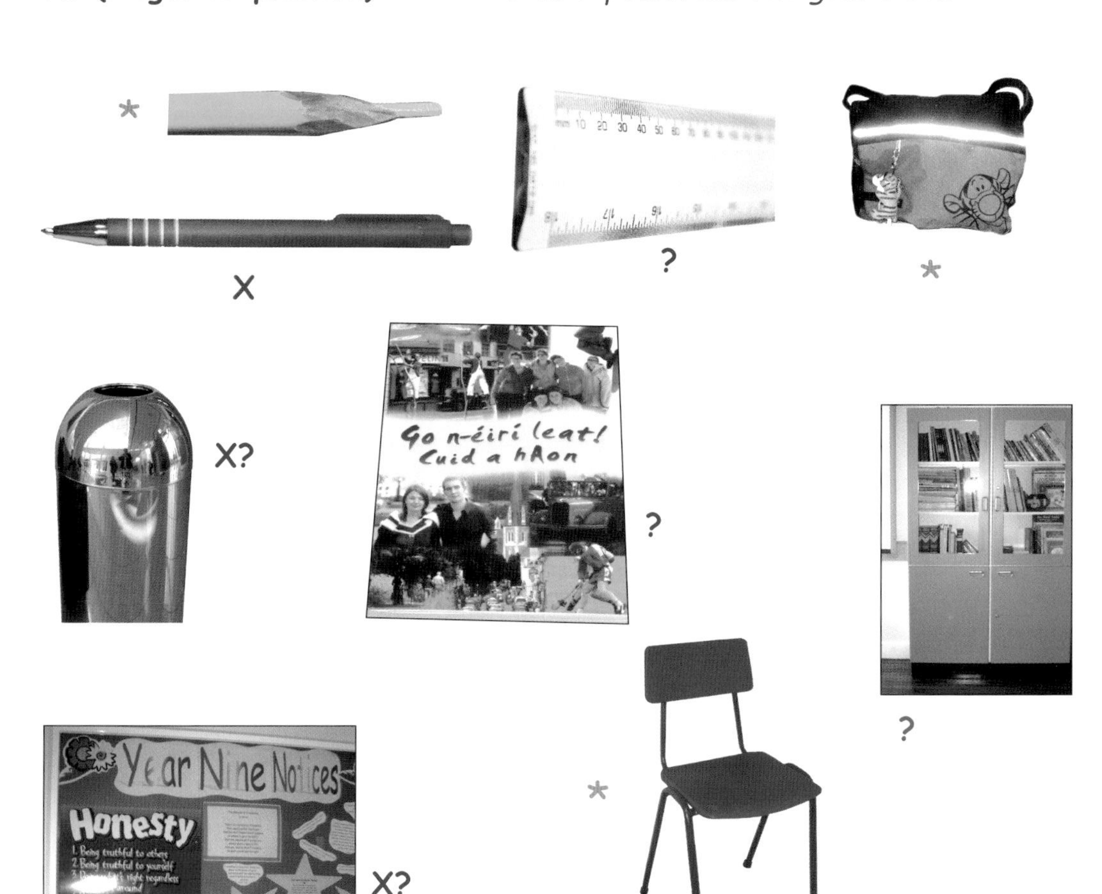

Cúinne na gramadaí

2. In this unit we looked at ways ofcounting i.e number of pupils in a class. One of the simple systems for counting is outlined below

Cleacht na samplaí le do mhúinteoir iad agus ansin foghlaim iad!

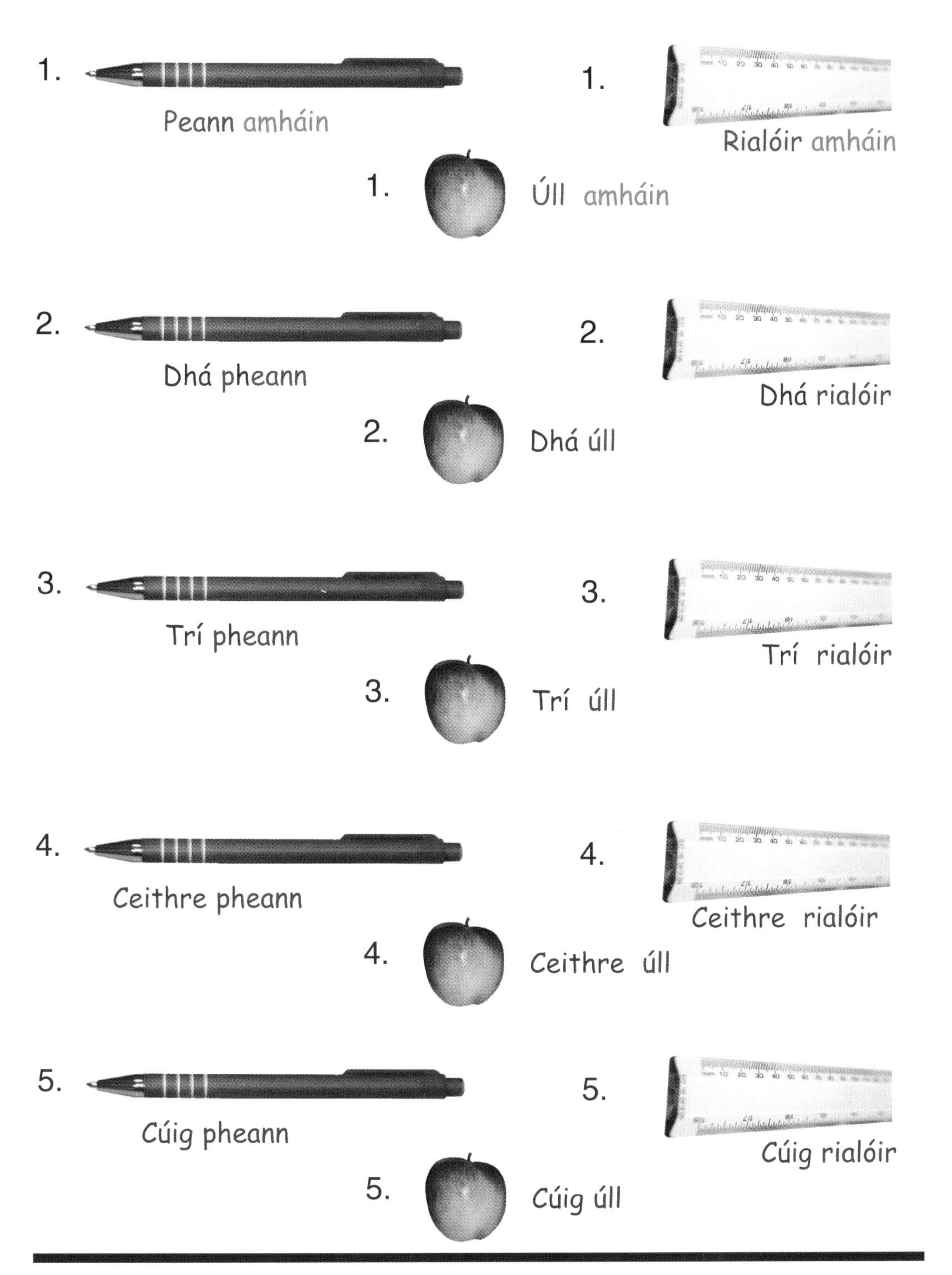

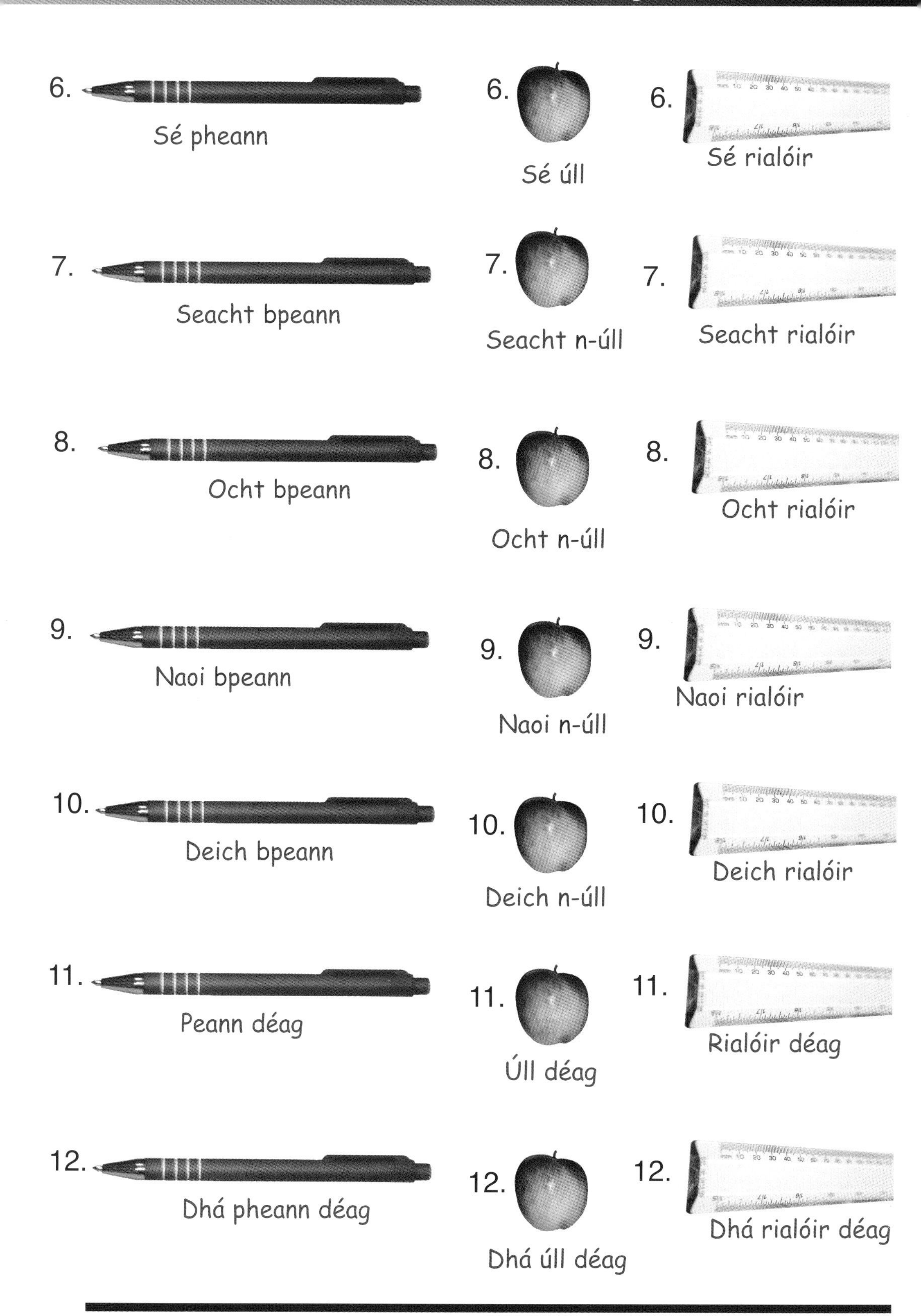
6.
Sé pheann
6.
Sé úll
6.
Sé rialóir
7.
Seacht bpeann
7.
Seacht n-úll
7.
Seacht rialóir
8.
Ocht bpeann
8.
Ocht n-úll
8.
Ocht rialóir
9.
Naoi bpeann
9.
Naoi n-úll
9.
Naoi rialóir
10.
Deich bpeann
10.
Deich n-úll
10.
Deich rialóir
11.
Peann déag
11.
Úll déag
11.
Rialóir déag
12.
Dhá pheann déag
12.
Dhá úll déag
12.
Dhá rialóir déag

For numbers between 13-19 add "déag" to the end of the phrases for numbers 3-9.
The word for 20 is "Fiche".

Seo roinnt samplaí :

20 pens Fiche peann  **20 apples Fiche** úll 

20 rulers Fiche rialóir 

*Séimhiú (Aspiration)

Numerals 2-6 placed before a noun will aspirate 9 consonants;

b, c, d, f, g, m, p, s, t.

This is indicated by placing a "h" after the consonant and the sound of the word changes.

Nouns that begin with any other consonant or with a vowel are not affected.

***Urú (Eclipsis)**

Numerals 7-10 placed before a noun will eclipse 7 consonants. A letter is placed before the initial consonant as follows

B is eclipsed with "**m**" Sampla : seacht **m**bosca (7 boxes)
C is eclipsed with "**g**" Sampla : seacht **g**cat (7 cats)
D is eclipsed with "**n**" Sampla : ocht **n**doras (8 doors)
F is eclipsed with "bh" Sampla : ocht bhfuinneog (8 windows)
G is eclipsed with "n" Sampla : ocht ngeansaí (8 sweaters)
P is eclipsed with "b" Sampla : naoi bpeann (9 pens)
T is eclipsed with "d" Sampla : deich dtábla (10 tables)

*Nouns that begin with any other consonant are not affected.
*Nouns beginning with a vowel will have "n-" placed before them.

Cleachtadh a Dó

Cuir Gaeilge ar na habairtí seo a leanas

10 textbooks	8 pence	17 windows
11 pens	9 schools	2 rubbish bins
4 chairs	7 pencil cases	16 pence
5 tables	13 apples	20 cats

Place names: Logainmneacha

- There are many different types of place-names in the Irish language.

- A great many are religious such as An Mhainistir Liath, "the grey abbey", Greyabbey, and Cill Chaoil, "church of the narrow place". The caol or narrow place in this name may refer to the rivers nearby.

- Kilkenny comes from Cill Chainnigh "Cainneach's church", Kilronan on the Aran Islands from Cill Rónáin "Rónán's church" and Kilmacrenan in Co. Donegal comes from Cill Mhic Réanáin.

- We have a local example here in Belfast with the Shankill area deriving it's name from the Irish for an old church "Seanchill"

- Na Cealla Beaga "the little churches/ monastic cells" is the form from which Killybegs in Co. Donegal derives. (Sometimes the English forms of names beginning with "Kil(l)- derive from the word coill "wood" rather than cill "church". For example, Killeter, Co Tyrone derives from Coill Íochtair "lower wood".)

- Donaghmore in Co. Tyrone is from the Irish Domhnach Mór "great church", where domhnach is a very old word for a church. The town takes its name from a 15th century monastery of which there is no trace today.

- The names of saints are also preserved in a number of place-names. For example, the original form of Slieve Donard in Co Down, namely, Sliabh Dónairt "Dónart's mountain" is named after St Dónart, who lived at the time of Saint Patrick Ireland's patron saint is found in the name Downpatrick from Dún Pádraig "Patrick's fort".

Obair Ranga : Can you find any places in your area similar to the examples above? If so take a photograph and share the information with your class.

1.Trealamh Ranga	Classroom Equipment
Bosca bruscair	wastepaper bin
Bosca cailce	chalk box
Bosca peann luaidhe	pencil case
Cailc	chalk
Cathaoir	a chair
Clár bán	a white board
Clár dubh	a black board
Clár na bhfógraí	notice board
Cófra	cupboard
Cuirtíní	curtains
Dallóga	blinds
Deasc	desk
Doras	a door
Féilire	a calender
Fuinneog	a window
Gasúr	a boy
Girseach	a girl
Glantóir	a duster
Leabhar	a book
Leabhar nótaí	a note book
Leac na fuinneoige	the window sill
Mála scoile	a school bag
Múinteoir	a teacher
Osteilgeoir	overhead projector
Peann	a pen
Peann luaidhe	a pencil
Píosa cailce	a piece of chalk
Radaitheoir	a radiator
Rialóir	a ruler
Rud	a thing
Scriosán	a rubber
Seilf	a shelf
Seinnteoir dlúthdhioscaí	CD player

Trealamh Ranga	Classroom Equipment
Seomra ranga	a classroom
Barr an tseomra	the top of the room
Bun an tseomra	the bottom/back of the room
Solas	a light
Tábla	a table
Téipthaifeadán	tape recorder
Urlár	floor

2. Orduithe ranga	Classroom commands
Abair i mo dhiaidh	say after me
Abraigí i mo dhiaidh	say after me (pl)
Amharc ar an chlár bán	look at the white board
Amharcaigí ar an chlár bán	look at the white board (pl)
Bí ciúin	be quiet
Bígí ciúin	be quiet (pl)
Lámha in airde	hands up
Druid an doras	close the door
Druidigí an doras	close the door (pl)
Éist liom	listen to me
Éistigí liom	listen to me (pl)
Foghlaim é	learn it
Foghlaimigí é	learn it (pl)
Gabh amach	go out
Gabhaigí amach	go out (pl)
Gabh isteach	come in
Gabhaigí isteach	come in (pl)
Glan an clár bán	clean the whiteboard
Glanaigí an clár bán	clean the whiteboard (pl)

2. Orduithe ranga Classroom commands

Oscail an fhuinneog	open the window
Osclaígí na fuinneoga	open the windows (pl)
Seas suas	stand up
Seasaigí suas	stand up (pl)
Scríobh síos é	write it down
Scríobhaigí síos é	write it down (pl)
Suigh síos	sit down
Suígí síos	sit down (pl)
Tabhair aird	pay attention
Tugaigí aird	pay attention (pl)
Tóg an píosa páipéir	lift the piece of paper
Tógaigí na píosaí páipéir	lift the pieces of paper (pl)

3. Eadaí Scoile — School Clothes/uniforms

Carbhat	a tie
Casóg	a blazer
Bríste	trousers
Bróga	shoes
Cóta	a coat
Cóta báistí	a raincoat
Culaith reatha	a track suit
Geansaí	a sweater
Geansaí allais	a sweat shirt
Gúna	a pinafore
Léine	a shirt
Riteoga	tights
Sciorta	a skirt
Stocaí	socks
T-léine	T-shirt

4. Dathanna	colours
bán	white
bándearg	pink
corcra	purple
dearg	red
donn	brown
dubh	black
dúghorm	navy
glas	green
gorm	blue
ildaite	multicoloured
liath	grey

5. Cad é an t-am é?	What time is it?
Tá sé a haon a chlog	It is 1.00.
Tá sé cúig i ndiaidh a dó	It is 2.05
Tá sé deich i ndiaidh a trí	It is 3.10
Tá sé ceathrú i ndiaidh a ceathair	It is 4.15.
Tá sé fiche i ndiaidh a cúig	It is 5.20
Tá sé fiche a cúig i ndiaidh a sé	It is 6.25
Tá sé leath i ndiaidh a seacht	It is 7.30.
Tá sé fiche a cúig go dtí a hocht	It is 7.35
Tá sé fiche go dtí a naoi	It is 8.40
Tá sé ceathrú go dtí a deich	It is 9.45.
Tá sé deich go dtí a haon déag	It is 10.50
Tá sé cúig go dtí a dó dhéag	It is 11.55

Aonad a dó: Ag Cur Síos ar Dhaoine.

In this unit you will learn to

- Use everyday greetings
- Introduce yourself and others.
- Understand simple questions about yourself, family and friends.
- Give basic details about yourself i.e. name, age, where you live etc.
- Describe what you look like i.e. colour of eyes, hair, height, build etc.
- Understand and respond to descriptions of others/ ask others to describe themselves.
- Talk about the number in your family.
- Give and request information of others about number of brothers and sisters .
- Talk about your interests/hobbies/preferences.
- Give some basic description of your personality.
- Use a small range of verbs accurately to describe yourself and others.
- Read and respond to short passages/descriptions of others.

At the end of the unit you should be able to

- Give and respond to simple questions about yourself.
- Describe family members and friends.
- Talk about hobbies and interests.
- Understand others talking about themselves/their family and friends.
- Work with other pupils to complete simple role plays /carry out investigations.
- Read and interpret personal details both for yourself and others.
- Complete with an acceptable level of accuracy simple writing tasks, using IT where appropriate.

To help achieve the best possible progress you should

- Use opportunities to work with another pupil.
- Learn the key vocabulary and phrases identified in the learning boxes.
- Record your oral answers on your MP3 player/ipod.
- Review and correct with care all pieces of written work.

Begin by reviewing, with your teacher, common everyday greetings, outlined below.

(i) to greet one individual we say "Dia Duit" and the response to one person's greeting is "Dia is Muire duit".
(ii) to greet more than one person we say " Dia Daoibh" and the response to more than one person's greeting is "Dia is Muire daoibh."

Sampla : Dia daoibh, a Bhriain agus a Sheáin."
"Dia is Muire daoibh, a Úna agua a Orla."
(iii) to say goodbye to one individual, who is leaving, we say "Slán Leat" and to more than one person we say "Slán Libh."

To a person staying behind we say, as we leave, "Slán agat" and to more than one person we say " Slán agaibh."

Sampla : Slán leat, a Úna. (Una is leaving)
Slán agat, a Bhriain. (Brian is staying)
(iv) to say goodbye to someone whom we will see later we say "Slán go fóill."
(v) to say goodnight to someone we say "Oíche mhaith."
(vi) to welcome one person we say "Fáilte romhat" and to extend a welcome to more than one person we say "Fáilte romhaibh."
(vii) to wish someone a safe journey home we say "Slán abhaile" or "Slán turas."
(viii) to wish someone luck we say " Ádh mór ort ."
(ix) to apologise/ say pardon/excuse me we say "Gabh mo leithscéal."
(x) to say sorry we say " Tá mé buartha" or " Tá brón orm."
(xi) to thank someone we say " Go raibh maith agat" and to respond to thanks we say " Go ndéana sé maith duit"
(xii) to congratulate someone we say "Comhghairdeas leat" to one person and " Comhghairdeas libh" to more than one.

1. Now begin by learning to introduce yourself and asking others who they are.

Seo roinnt samplaí duit.

Dia daoibh. Is mise Laoise Hannan.

Tá mé deich mbliana d'aois.

Dia daoibh. Is mise Patrick Larkin. Tá mé bliain déag d'aois.

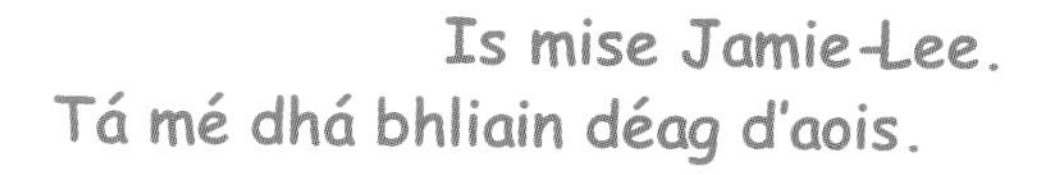

Is mise Jamie-Lee.
Tá mé dhá bhliain déag d'aois.

To ask someone who they are we say "Cé thusa?"

Seo roinnt samplaí duit.

Cé thusa?
Is mise Ciara Larkin.
Tá mé seacht mbliana d'aois.

Cé thusa?
Is mise Cormac Hannan.
Tá mé trí bliana déag d'aois.

Cé thusa? Is mise Maura Larkin.
Is mise máthair Chiara agus Phatrick.

Cé thusa? Is mise Robbie Hannan.
Is mise athair Chormaic agus Laoise.

Cé thusa? Is mise Joe Connolly.
Is múinteoir Gaeilge mé.

Anois cuir an cheist thuas ar an duine taobh leat agus freagair an cheist chomh maith.

To introduce others we begin with the phrase" Seo é/í............

Seo roinnt samplaí duit.

Is mise Niamh. Seo é mo dheartháir Niall.

Is mise Róisín. Seo í mo mháthair mhór. Marie an t-ainm atá uirthi.

Is mise Dáire. Seo é m'athair mór.
Patrick an t-ainm atá air.

Seo roinnt abairtí le cuidiú leat.
Cleacht le do mhúinteoir iad agus ansin foghlaim iad.

Aintín	aunt
Athair mór	grandfather
Col ceathrair	cousin
Dearthái r	brother
Mamaí	mummy
Máthair mhór	grandmother

Athair	father
Cara	friend
Daidí	daddy
Deirfiúr	Sister
Máthair	mother
Uncail	uncle

2.(a) To ask someone their name we say:
"Cad é an t-ainm atá ort?"

Seo roinnt samplaí duit.

Cad é an t-ainm atá ort?
Jamie - Lee Lundy an t-ainm atá orm.

2.(b) To ask what her name is we say:
"Cad é an t-ainm atá uirthi?"

Sampla

Cad é an t-ainm atá uirthi?
Ciara Larkin an t-ainm atá uirthi.

2.(c) To ask what his name is we say:
"Cad é an t-ainm atá air?"

Sampla

Cad é an t-ainm atá air?
Christopher McGuinness an t-ainm atá air.

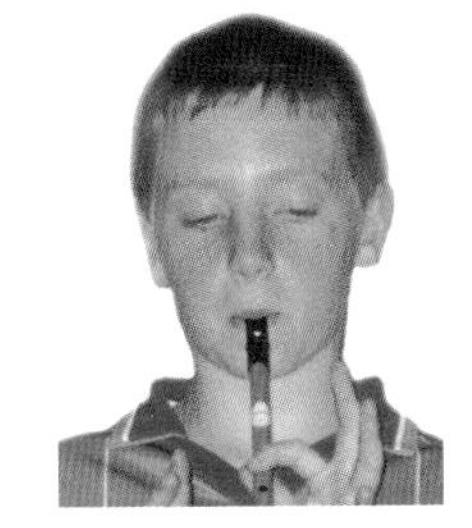

Anois cuir ceist 2(a) ar an duine taobh leat agus freagair an cheist chomh maith.

Now we will look at other ways of giving information about ourselves and asking others for that information.

(3) To ask someone their age we say :
"Cén aois thú?"

Seo roinnt freagraí samplacha duit.
Is mise Laoise. Tá mé deich mbliana d'aois (10).

Is mise Patrick. Tá mé bliain déag d'aois (11).

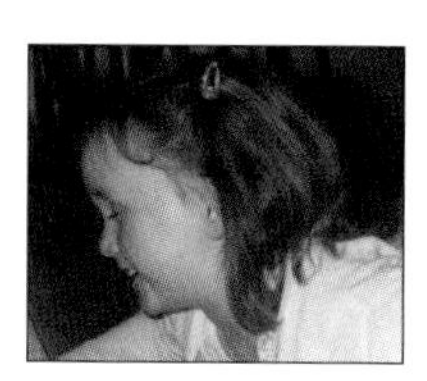

Is mise Aoibheann. Tá mé ceithre bliana d'aois (4).

Is mise Oisín. Tá mé dhá bhliain déag d'aois (12).

(4) To ask someone when their birthday is we say:
"Cén mhí a mbíonn do bhreithlá ann?"
Seo roinnt freagraí samplacha duit.

Is mise Laoise. Tá mé naoi mbliana d'aois.
Bíonn mo bhreithlá ann i Mí an Mhárta. (March).

Is mise Patrick. Tá mé bliain déag d'aois.
Bíonn mo bhreithlá ann i Mí na Nollag (December).

Is mise Amy. Tá mé trí bliana déag d'aois. Bíonn mo bhreithlá ann i Mí Bealtaine. (May)

Is mise Christopher. Tá mé trí bliana déag d'aois. Bíonn mo bhreithlá ann i Mí Mhéan Fómhair (September).

Seo thíos míonna na bliana (the months of the year) le cuidiú leat an cheist a fhreagairt.
Cleacht le do mhúinteoir iad agus ansin foghlaim iad.

Eanáir	January	Feabhra	February
Márta	March	Aibreán	April
Bealtaine	May	Meitheamh	June
Iúil	July	Lúnasa	August
Méan Fómhair	September	Deireadh Fómhair	October
Mí na Samhna	November	Mí na Nollag	December

Anois cuir ceist 4 ar an duine taobh leat agus freagair an cheist chomh maith.

(5 To ask someone where they live we say:

"Cá bhfuil tú i do chónaí?"

Seo roinnt freagraí samplacha duit:

Is mise Cormac Tá mé i mo chónaí i mBéal Feirste.

Is mise Amy. Tá mé i mo chónaí i mBaile Uí Dhálaigh.

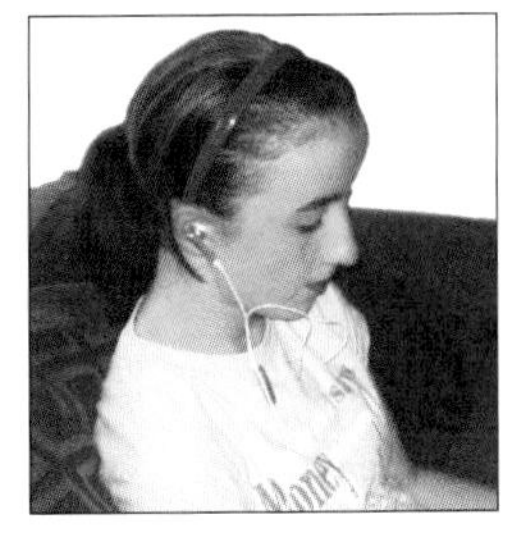

Is mise Niamh. Tá mé i mo chónaí i gContae Ard Mhacha.

Is mise Cait.
Tá mé i mo chónaí ar an
Bhaile Meánach.

Seo roinnt abairtí le cuidiú leat.
Cleacht le do mhúinteoir iad agus ansin foghlaim iad.

Aontroim (Antrim)	In Aontroim (in Antrim)
Ard Mhacha (Armagh)	In Ard Mhacha (in Armagh)
Baile Uí Dhálaigh (Ballygawley)	I mBaile Uí Dhálaigh (in Ballygawley)
Béal Feirste (Belfast)	I mBéal Feirste (in Belfast)
Beannchar (Bangor)	I mBeannchar (in Bangor)
Contae an Dúin (County Down)	I gContae an Dúin (in County Down)
Corcaigh (Cork)	I gCorcaigh (in Cork)
Doire (Derry)	I nDoire (in Derry)
Dún Geanainn (Dungannon)	I nDún Geanainn (in Dungannon)
Fear Manach (Fermanagh)	I bhFear Manach (in Fermanagh)
Gaillimh (Galway)	I nGaillimh (in Galway)
Londain (London)	I Londain (in London)
Oileán an Ghuail (Coalisland)	In Oileán an Ghuail (in Coalisland)
Port an Dúnáin (Portadown)	I bPort an Dúnáin(in Portadown)
Tír Eoghain (Tyrone)	I dTír Eoghain (in Tyrone)
Tír Chonaill (Donegal)	I dTír Chonaill (in Donegal)

Anois cuir agus freagair ceist 5 thuas.

(6). to ask what colour someone's eyes are we say:
"Cad é an dath atá ar do shúile?"

Seo roinnt samplaí duit.

Is mise Ciara.
Tá mo shúile donn.

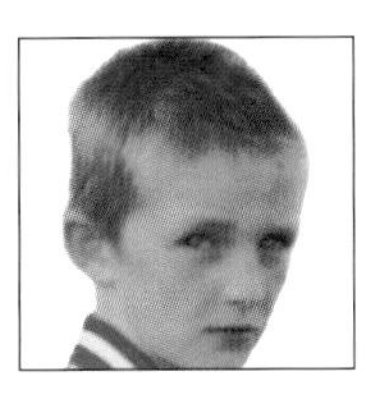

Is mise Michael.
Tá mo shúile glas.

Is mise Patrick.
Tá mo shúile liath.

Is mise Megan.
Tá mo shúile gorm.

(7). to ask what colour someone's hair is we say:
"Cad é an dath atá ar do chuid gruaige?"

Seo roinnt samplaí duit.
Is mise Aoibheann. Ta mé ceithre bliana d'aois.
Tá mo chuid gruaige fionn.

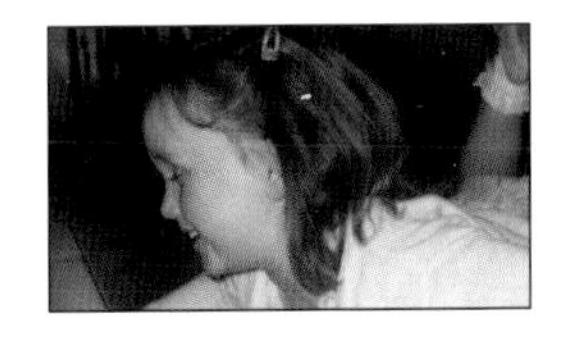

Is mise Oisín.
Tá mé dhá bhiain déag d'aois.
Tá mo chuid gruaige rua.

Is mise Jamie-Lee.
Tá mé bliain déag d'aois.
Tá mo chuid gruaige donn.

Seo roinnt abairtí le cuidiú leat. Cleacht le do mhúinteoir iad agus ansin foghlaim iad.

Donn brown	Dubh black	Fionn Blonde/Fair
Fionnrua	Strawberry Blonde	Rua red/ginger

Anois cuir an cheist thuas ar an duine taobh leat agus freagair an cheist chomh maith.

1. Éist leis na daoine seo ag caint agus ansin líon isteach na bearnaí sna habairtí thíos. Tá liosta ag bun an leathanaigh.
Listen to these people talking and then fill in the gaps in the sentences from the names in the box.

_______________ is going on a journey home.

________________ is saying goodnight to his dad.

________________ is being welcomed.

Brenda is greeted by _______ and ____________

____________ is saying goodbye to her Mum.

Séamas	Síle	Máire	Marcas
Nóirín	Úna	Liam	Tomás.

2. Éist leis na daoine seo ag caint agus ansin cuir F (fíor) leis na habairtí thíos atá fíor agus B (bréagach) leis na cinn nach bhfuil. Tá samplaí déanta duit.

Tá Nóra dhá bhliain déag d'aois.

Is í Máire cara Pheadair.(B)

Is é Joe athair mór Shéamais.

Is múinteoir í Úna.

Is í Úna aintín Mháire.(F)

Tá Colm bliain déag d'aois.

Síle an t-ainm atá ar mhamaí Pheadair.

Tá dath donn ar ghruaig Shíle.

3. Éist leis na daoine seo ag caint agus ansin freagair na ceisteanna/ roghnaigh an freagra ceart. Tá sampla déanta duit.

(1) Tá Colm 10 11 12 14 bliana d'aois.
(ii) Tá a shúile

- Donn
- Liath
- Glas

(iii) Tá Aoibheann i mbliain 7 [8] 9 10 ar scoil.
(iv) Tá 4 5 6 7 ina teaghlach.

(v) Tá Johnny 4 14 24 bliana d'aois.
(vi) Tá a chuid gruaige

- Donn
- Liath
- Dubh

(vii) Cén aois í Áine Máire?

(viii) Cá mhéad duine atá ina teaghlach?

(ix) Tá 2 3 4 deirfiúr aici.

(x) Cá bhfuil Nóirín ina cónaí?

4. Éist leis na daoine seo ag caint agus ansin scríobh ainm an duine taobh leis an áit a bhfuil sé/sí ina c(h)ónaí. Tá sampla déanta duit.

Áit Chónaithe	Ainm an Duine
Tír Chonaill	
Port an Dúnáin	
Béal Feirste	Nóirín
Contae Fhear Manach	
Contae an Dúin	
Inis Ceithleann	

Nóirín, Nellie, Áine Máire, Patrick, Aoibheann and Colm

(8). To ask someone to describe themselves we say:
"Déan cur síos ort féin."

Seo roinnt abairtí le cuidiú leat an cheist a fhreagairt. Cleacht le do mhúinteoir iad agus ansin foghlaim iad.

Aclaí	athletic	Ard	tall
Beag	small	Bídeach	tiny
Cainteach	talkative	Cairdiúil	friendly
Cliste	clever	Dícheallach	hard working
Greannmhar	funny	Múinte	polite
Mór	big	Óg	young
Sean	old	Tánaí	thin

Seo roinnt freagraí samplacha duit.

Is mise Christopher.
Tá mé trí bliana déag d'aois.
Tá mé measartha ard (fairly tall).
Tá mo shúile gorm agus tá mo chuid gruaige donn.
Tá mé aclaí agus measartha cainteach (quite talkative).
Tá mé cliste agus iontach cairdiúil.

Is mise Cait.
Tá mé naoi mbliana d'aois.
Tá mé beag.
Tá mo shúile donn agus tá mo chuid gruaige fionn.
Tá mé cliste agus measartha greannmhar (quite funny).
Tá mé iontach tanaí agus an-chairdiúil (very friendly).

Anois cuir an cheist seo ar an duine taobh leat agus freagair an cheist chomh maith.

(9). To ask how many there are in someone's family we say:
"Cé mhéad atá i do theaghlach?"

Seo roinnt samplaí duit.

Is mise Patrick.
Tá seisear i mo theaghlach.

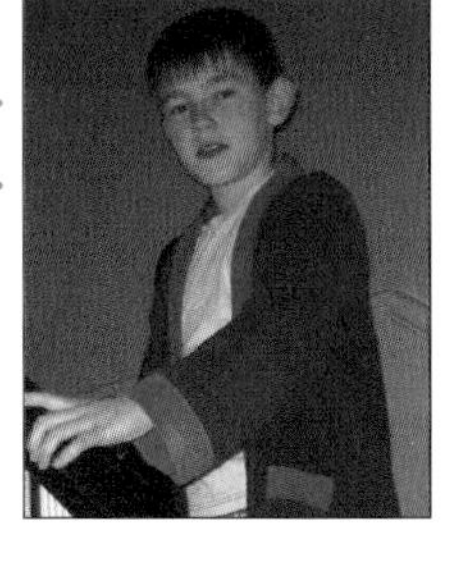

Is mise Cait.
Tá cúigear i mo theaghlach.

Is mise Cormac.
Tá seachtar i mo theaghlach.

Is mise Róisín
Tá seisear i mo theaghlach.

Seo roinnt abairtí eile le cuidiú leat. Cleacht le do mhúinteoir iad agus ansin foghlaim iad.

Duine amháin	1 person	Beirt	2 people
Triúr	3 people	Ceathrar	4 people
Cúigear	5 people	Seisear	6 people
Seachtar	7 people	Ochtar	8 people
Naonúr	9 people	Deichniúr	10 people
Duine dhéag	11 person	Dáréag	12 people

Anois cuir ceist a hocht thuas ar an duine taobh leat agus freagair an cheist chomh maith.

(10). To ask how many brothers someone has we say:
"Cá mhéad deartháir atá agat?"
Seo roinnt samplaí duit.

Is mise Megan.
Tá ceathrar i mo theaghlach.
Níl deartháir ar bith agam.

Is mise Niall.
Tá seachtar i mo theaghlach.
Tá deartháir amháin agam.
Eoin an t-ainm atá air.

Is mise Ciara.
Tá beirt dheartháir agam.
Patrick, agus Dáire atá orthu.

Is mise Róise.
Tá seachtar i mo theaghlach.
Tá triúr deartháir agam.
Cathal, Páraic agus Cormac atá orthu.

(11). To ask how many sisters someone has we say:
"Cá mhéad deirfiúr atá agat?"
Seo roinnt samplaí duit.

Is mise Beth.
Tá ceathrar i mo theaghlach.
Tá deirfiúr amháin agam. Megan an t-ainm atá uirthi.

Is mise Patrick.
Tá beirt dheirfiúr agam.
Ciara agus Aoibheann atá orthu.

Is mise Jamie-Lee.
Tá cúigear i mo theaghlach.
Níl deirfiúr ar bith agam (have no sisters).

(12). To ask someone how they are we say:
"Cad é mar atá tú?"

Seo roinnt freagraí samplacha duit.

Tá mé go maith	I am well.
Tá mé go breá	I am fine.
Tá mé maith go leor	I am O.K.
Tá mé go measartha	I am alright.
Níl caill orm	I can't complain.
Tá mé go dona	I am poorly.

Anois cuir an cheist thuas ar an duine taobh leat agus freagair an cheist chomh maith.

(13). Now you will learn how to ask someone about their interests and hobbies.
To ask someone if he/she likes football/tennis/ music/sport etc. we say:
"An maith leat peil/ leadóg/ceol/damhsa?"

Seo roinnt freagraí samplacha duit.
Is mise Áine.
Is maith liom an leadóg.

Is mise Niamh.
Is breá liom an ceol.
(I love music).

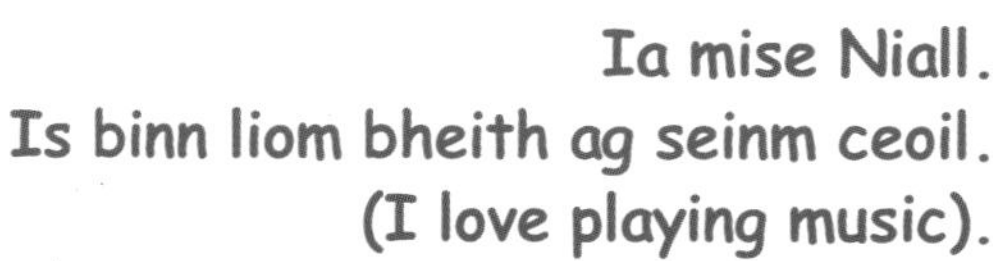

Ia mise Niall.
Is binn liom bheith ag seinm ceoil.
(I love playing music).

Seo roinnt abairtí eile le cuidiú leat. Cleacht le do mhúinteoir iad agus ansin foghlaim iad!

Camógaíocht camogie	Cártaí cards
Ceol music	Cispheil basketball
Cluichí ríomhaire computer games	Damhsa dance
Iascaireacht fishing	Leadóg tennis
Leadóg thábla table tennis	Líonpheil netball
Léitheoireacht reading	Iománaíocht hurling
Peil football	Peil Ghaelach Gaelic
Reathaíocht running	Rothaíocht cycling
Snámh swimming	Teilifís T.V.

Anois cuir cúpla ceist ar an duine taobh leat faoi chaitheamh aimsire (about hobbies) agus freagair na ceisteanna chomh maith.

Seo roinnt samplaí duit.

An maith leat an rothaíocht?

An maith leat an ceol?

An maith leat an iománaíocht?

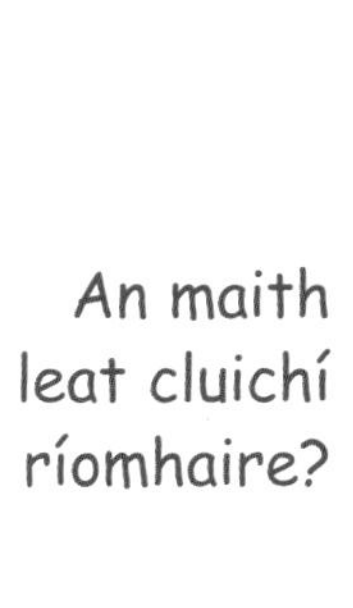

An maith leat cluichí ríomhaire?

(14). Now you will learn how to ask someone about what they enjoy /prefer doing.

Seo roinnt ceisteanna eile le cur ar do chara. Cleacht le do mhúinteoir iad agus ansin cur agus freagair na ceisteanna.

(a) An maith leat bheith ag imirt peile/ag snámh/ag rothaíocht/?

Freagraí samplacha:

Is breá liom bheith ag imirt peile.

Ní maith liom bheith ag imirt peile ach is binn liom bheith ag seinm ceoil.

Is mise Ciarán. Is maith liom bheith ag rothaíocht.

Seo roinnt abairtí eile le cuidiú leat. Cleacht le do mhúinteoir iad agus ansin foghlaim iad!

Ag imirt camógaíochta	playing camogie.
Ag imirt cártaí	playing cards.
Ag éisteacht le ceol	listening to music.
Ag seinm ceoil	playing music.
Ag imirt cispheile	playing basketball.
Ag damhsa	dancing.
Ag iascaireacht	fishing.
Ag imirt leadóige	playing tennis.
Ag imirt leadóg thábla	playing table tennis.
Ag imirt líonpheile	playing netball.
Ag léamh	reading.
Ag imirt peile	playing football.
Ag reathaíocht	running.
Ag rothaíocht	cycling.
Ag snámh	swimming.
Ag amharc ar an teilifís	watching T.V.

(b) To ask what someone prefers doing we say :
"Cé acu is fearr leat .....?

Seo roinnt samplaí duit:
Cé acu is fearr leat bheith ag damhsa nó bheith ag seinm ceoil?

Is mise Michelle.
Ní maith liom peil ach is fearr liom bheith ag damhsa.

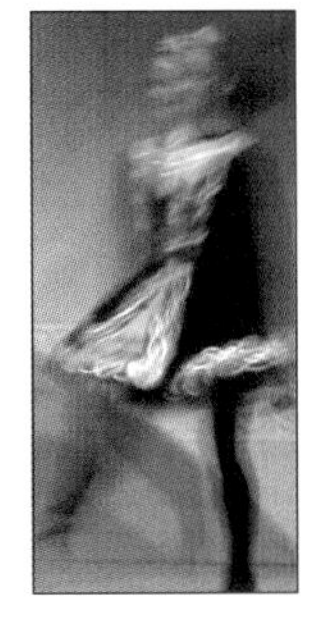

Is mise Amy.
Is fearr liom bheith ag seinm ceoil.

Cé acu is fearr leat bheith ag iomáint nó bheith ag snámh?

Is mise Cormac.
Is fearr liom bheith ag iomáint.

Is mise Ryan.
Is fearr liom bheith ag snámh.

Cé acu is fearr leat bheith ag léamh nó bheith ag imirt cluichí ríomhaire?

Is mise Dáire.
Is fearr liom bheith ag imirt cluichí ríomhaire.

Is mise Beth.
Is fearr liom bheith ag léamh.

Anois cuir cúpla ceist ar an duine taobh leat faoi chaitheamh aimsire is fearr leis/léi agus freagair na ceisteanna chomh maith.

Déan na rólimirtí thíos i gcomhar le cara ranga.
Complete these roleplays with another pupil.

A. A new pupil joins your class.

Tú féin	Cara ranga
Greet the other person.	Reply to the greeting.
Introduce yourself and ask the Other pupil what his/her name is.	Respond to the question.
Welcome him/her to your school.	Say "Thank you"

B. You continue your conversation.

Tú féin	Cara ranga
Ask the pupil what age he/she is.	Say that you are 12.
Ask how many there are in his/her family.	Say that there are 5 in your family.
Ask how many sisters he/she has.	Say you don't have a sister.

C. A new friend joins your youth club.

Tú féin	Cara ranga
Ask the pupil what his/her name is.	Respond to the question.
Ask where he/she goes to school.	Give the information asked for.
Ask if he/she likes football.	Say "Yes" but you prefer netball.

Amharc ar na pictiúir thíos, roghnaigh ceann amháin agus déan cur síos ar an duine sin agus tabhair an t-eolas ceart.

Look at these photos, choose one and describe it for your partner giving the following information:

- Name of the person.
- Age.
- Colour of eyes/hair.
- Say what they are wearing or doing.

Laoise 21/03/98

Cormac 30/03/95

Patrick 12/12/96

Jamie-Lee 14/02/96

Maura 15/12/96

Niamh 10/08/94

Tabhair isteach grianghraf de dhuine i do theaghlach agus déan cur sios ar an duine sin do do mhúinteoir/ chara ranga.

Now bring in a photo of a member of your family and describe that person for your teacher/class friend.

5. Éist leis na daoine seo ag cur síos ar cara scoile agus ansin líon isteach na bearnaí/roghnaigh an freagra ceart.
Listen to these pupils describe their school friends and they fill in the information gaps/select the correct options below.

(a)______________ an t-ainm atá ar an ghasúr atá ag caint.

(b) Tá Séamas iontach ard
measartha ard
an -bheag.

(c) Tá Séamas iontach cliste greannmhar tanaí.

(d) ____________ an t-ainm atá ar chara Shinéad.

(e) Tá a cuid gruaige gorm liath fionn donn.

(f) Tá Julie iontach ard cainteach bídeach cairdiúil.

(g) Ta sí ina cónaí in Oileán an Ghuail i nDún Geanainn

6. Éist leis na scoláirí seo ag cur síos orthu féin agus ansin freagair na ceisteanna/ roghnaigh an freagra ceart.
Listen to these people talking about themselves and then answer the questions/select the correct option below.

(i) Tá Cormac 11 12 13 14 **bliain d'aois.**

(ii) Tá 5 6 7 8 **ina theaghlach.**

(iii) Tá 2 3 4 **deirfiúr aige.**

(iv) Tá Cormac iontach cairdiúil
iontach ard
iontach múinte.

(v) Is maith leis

(vi) Téann Úna ar scoil I gContae Thír Eoghain
I gContae Thír Chonaill
I gContae Fhear Mánach.

(vii) Describe what Úna looks like. Make 2 points.

(viii) How many brothers has she?

(ix) What hobby does she enjoy?
Cuir fáinne thart ar an phictiúr cheart.

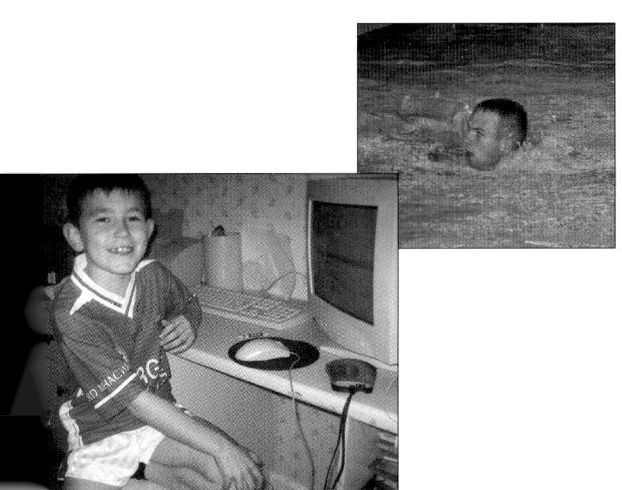

1. Ceangail na focail/abairtí leis an léaráid chuí.

Link the photographs with the correct phrase from the box at the bottom of the page.

Máthair	Athair mór	Gasúr scoile	Cairde
Múinteoir	Deirfiúr óg	Deartháir óg	Máthair mhór
Girseach scoile			

2. Tá na nótaí seo a leanas le léamh i do nuachtán scoile.
Léigh iad agus ansin freagair na ceisteanna thíos.
These notes are posted in your school newsletter.
Read them and then answer the questions below.

Comhghairdeas le Brian Ó Dómhnaill atá ar fhoireann an Chontae (the county team) Dé Domhnaigh.

Fáilte ar ais go Contae an Dúín do Pheadar Ó Duibh.

Breithlá sona duit, a Úna Ní Dhuibhir.
Beidh Úna trí bliana déag 1 Iúil.

Comhghairdeas le rang 8A a bhain an comórtas líonpheile inné.

Slán turas le rang 10B atá ag dul go Páras na Fraince 21 Meitheamh. Ádh mór oraibh.

(i) Who is celebrating a birthday and when?

(ii) Where is Peadar Ó Duibh from?

(iii) What will Brian Ó Domhnaill be doing on Sunday?

(iv) Why are Form 8A being congratulated?

(v) Who is going on a trip and when?

3. Léigh na sonraí pearsanta ar an chárta aitheantais thíos agus ansin freagair na ceisteanna.

Read the personal details given and then answer the questions below.

Ainm : Áine Ní Néill
Seoladh Baile: 4, Sráid an Chnoic, Inis Ceithleann
Dáta Breithe : 02 Feabhra 1995
Uimhir Ghutháin: 07785 241 237
Airde: 162 cm.
Ainm na Scoile: Clochar na Trócaire
Bliain sa Scoil : bliain a hocht
Caitheamh Aimsire : Reathaíocht, peil ghaelach, snámh

(i) Cá bhfuil Áine ina cónaí?
(ii) Cén aois í?
(iii) Cén bhliain ina bhfuil sí ar scoil?
(iv) Cuir fáinne thart ar dhá chaitheamh aimsire atá aici.

4. Líon isteach na bearnaí sa chárta aitheantais thíos agus ansin déan amach cóip den chárta ar do ríomhaire.

Fill in the information gaps for the identity card below and then generate your own computer version of the card.

Ainm:

Dáta Breithe (D.O.B.)

Seoladh Baile:

Uimhir ghutháin:

Dath na súl:

Dath na gruaige:

Airde:

Caitheamh aimsire

5. Cuir ríomhphost (e-mail) chuig scoláire i do rang nó i scoil eile agus luaigh na rudaí seo thíos.
Send an e-mail to another pupil in your class or to a friend in another school giving the following information :

- Your name
- Your age/date of birth
- Give a simple description of yourself
- Use 2 adjectives to describe your personality
- Mention the number in your family
- Say how many brothers and sisters you have
- Say where you go to school
- Mention 2 hobbies that you enjoy.

Seo dán beag eile daoibh.
Cleacht le do mhúinteoir é agus ansin foghlaim é !

Mo Sheanathair

Tá mo sheanathair lag
Tá mo sheanathair aosta,
Ní féidir leis seasamh
Ná siúil ina aonar.

Is maith leis na crainn
Is maith leis na bánta,
Is maith leis go mór
Bheith ag caint leis na páistí.

Suíonn sé sa chúinne
Is sinne ina aice,
Is é ag cur síos
Ar an saol atá caite.

1. In this unit we looked at ways of counting people in our families and we saw that there was a special system for counting up to 12 people as outlined below:

Duine amháin	**1 person**	**Beirt**	**2 people**
Triúr	**3 people**	**Ceathrar**	**4 people**
Cúigear	**5 people**	**Seisear**	**6 people**
Seachtar	**7 people**	**Ochtar**	**8 people**
Naonúr	**9 people**	**Deichniúr**	**10 people**
Duine dhéag	**11 person**	**Dáréag**	**12 people**

When we go beyond 12 people we use the same system as we noted in Unit 1 for counting things.

So when we are counting any number of people between 13-16 /23-26 etc. we put the smaller number (trí,ceithre, cúig, sé) before the noun followed by "déag" (for number.between 13-19) or " is fiche" for a number in the twenties.
The noun will be aspirated when it follows 2-6.

Samplaí:
Trí ghasúr déag (13 boys) Ceithre ghirseach déag (14 girls) Cúig dheirfiúr déag (15 sisters) **but** ceithre athair déag (14 fathers) sé aintín déag (16 aunts).

When the number contains the numerals 7 -9 (i.e. 17, 28, 39) we place seacht,ocht,or naoi before the noun and the larger element after it
(is fiche, is tríocha etc).
The noun will be eclipsed after the numerals 7-9 and those beginning with a vowel will have n- placed in front of them.

Samplaí:
Seacht ngasúr déag (17 boys), ocht ngirseach déag (18 girls) naoi ndéarthair déag (19 brothers) but seacht n-uncail déag (17 uncles) ocht n-aintín déag (18 aunts) naoi n-athair déag (19 fathers),

To deal with numbers in the 20's, 30's etc. we add on the appropriate number at the end of the phrase as outlined below.

Fiche (20)	**Tríocha (30)**	**Daichead (40)**
Caoga (50)	**Seacsa (60)**	**Seachtó (70)**
Ochtó (80)	**Nócha (90)**	**Céad (100)**

***This system applies to counting both people and things.

Samplaí:

Dhá bhosca déag (12 boxes)	**Trí aintín déag (13 aunts)**
Ceithre dhuine is fiche (24 people)	**Cúig pheann is fiche (25 pens)**
Sé mhála is tríocha (36 bags)	**Seacht n-úll is caoga (57 apples)**
Ocht n-athair is seasca (67 fathers)	**Naoi bpingin is nócha (99 pence)**

Cleachtadh a haon

Cuir Gaeilge ar na habairtí seo a leanas:

12 pencils
29 sisters
45 rubbish bins
16 brothers
33 pupils (scoláire)
54 class rooms
68 pence
77 schools
92 doors
83 shops (siopa)

2. In question 5 of this unit we looked at how we ask where someone lives i.e. "Cá bhfuil tú i do chónaí?" and at the way we answer that question i.e. " Tá mé i mo chónaí i mBéal Feirste".
Let us look at the changes we make when talking about someone else.

Tá mé i mo chónaí i mBéal feirste	I live in Belfast.
Tá tú i do chónaí i mBéal feirste	You live in Belfast.
Tá sé ina chónaí i mBéal feirste	He lives in Belfast.
Tá sí ina cónaí i mBéal feirste	She lives in Belfast.
Táimid inár gcónaí i mBéal feirste	We live in Belfast.
Tá sibh i bhur gcónaí i mBéal feirste	You (pl) live in Belfast.
Tá siad ina gcónaí i mBéal feirste	They live in Belfast.

The words "mo" (my), "do" (your), "a" (his,her their), "ár" (our) and " bhur" (your pl.) are called "aidiachtaí sealbhacha " (possessive adjectives).

Note that mo, do and a when it means "his" will aspirate the word that follows. A when it means "her" has no effect on consonants but places "h" before nouns beginning with a vowel.

Ár, bhur and a when it means "their" eclipse the word that follows (and places n- before vowels).

Samplaí

Mo theach	my house	Ár dteach	our house
Do chat	your cat	bhur gcat	your (pl) cat
A charr	his car	A gcarr	their car
A carr	her car	A haintín	her aunt

Cleachtadh a dó

Cuir Gaeilge ar na habairtí seo a leanas:

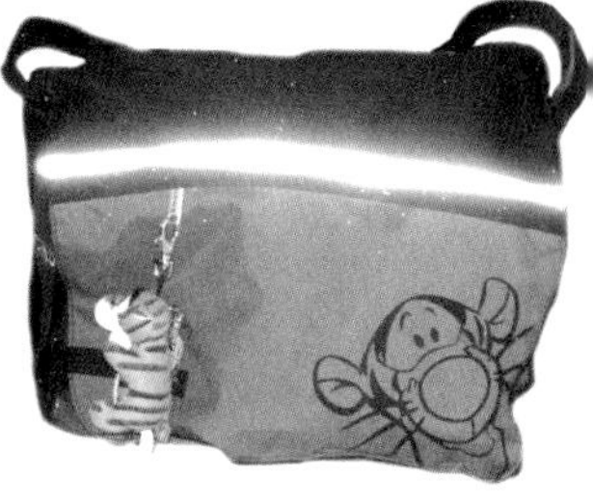

My schoolfriends (cairde scoile).
Your brothers (deartháireacha).
His sisters (deirfiúracha).
her father (athair).
Our houses (tithe).
Your (pl) cars (carranna).
Their school bags (málaí scoile).
My pencil case (bosca peann luaidhe).
His teachers (múinteoirí).
Her mother (máthair).

Now look at other common expressions which also use possessive adjectives (mo, do, a, ár, bhur, a).

Cleacht le do mhúinteoir iad agus ansin foghlaim iad.

Tá mé i mo chodladh	**I am sleeping**
Tá mé i mo dhúiseacht	**I am awake**
Tá mé i mo luí	**I am lying down/in bed**
Tá mé i mo sheasamh	**I am standing**
Tá mé i mo shuí	**I am sitting/up**
Tá mé i mo thost	**I am silent**

Cleachtadh a trí

Athraigh na habairtí seo a leanas gan lúibíní.

Rewrite these phrases by removing the brackets and making the necessary changes.

An bhfuil tú i do (suí) go fóill?
Tá sí ina (tost).
Táimid inár (codladh).
Tá sé ina (seasamh) ag an fhuinneog.
An bhfuil sibh i bhur (codladh) go fóill?
Níl sé ina (luí), tá sé ina (suí).
An bhfuil tu i do (dúiseacht) go fóill?
Táimid inár (tost) anois.
Níl siad ina (suí) go fóill.
Nach bhfuil sé ina (codladh)?

Seo dán beag daoibh- Gabh siar ar na focail le do mhúinteoir agus ansin foghlaim é!

Cúigear fear ag tógáil tí, ag tógáil tí, ag tógáil tí,
Cúigear fear ag tógáil tí, shuigh fear síos agus lig sé a scíth.

Ceathrar fear ag tógáil tí, ag tógáil tí, ag tógáil tí,
Ceathrar fear ag tógáil tí, shuigh fear síos agus lig sé a scíth.

Triúr fear ag tógáil tí, ag tógáil tí, ag tógáil tí,
Triúr fear ag tógáil tí, shuigh fear síos agus lig sé a scíth.

Beirt fhear ag tógáil tí, ag tógáil tí, ag tógáil tí,
Beirt fhear ag tógáil tí, shuigh fear síos agus lig sé a scíth.

Fear amháin ag tógáil tí, ag tógáil tí, ag tógáil tí,
Fear amháin ag tógáil tí, shuigh sé síos agus lig sé a scíth.

Duine ar bith ag tógáil tí, ag tógáil tí, ag tógáil tí,
Mar shuigh siad síos agus lig siad a scíth!

? ? ? ? ?

Seo roinnt ceisteanna duit féin agus do do chairde ranga. Cleacht iad agus cum tuilleadh ceisteanna le cur ar a chéile i quioz ranga- Fiche ceist!

Here are some questions based on the question "Cá mhéad?" which you met in this unit. Practise them with your teacher and then get together in small groups and compile more to ask other groups in the class. Try to have 20 questions in all.

Ar aghaidh libh!

Cá mhéad lá a bhíonn ann sa tseachtain?
Cá mhéad mí a bhíonn ann sa bhliain?
Cá mhéad uair a bhíonn ann i lá amháin?
Cá mhéad bomaite a bhíonn ann in uair an chloig?
Cá mhéad séasúr a bhíonn ann sa bhliain?

Cá mhéad contae in Éirinn?
Cá mhéad contae i gCúige Uladh?
Cá mhéad pingin i bpunt amháin?
Cá mhéad lá i mbliain bisigh? (a leap year)
Cá mhéad scoláire i do rang Gaeilge?

Cá mhéad scoláire atá i mbliain a hocht/a naoi?
Cá mhéad teach atá i do shráid? (in your street)
Cá mhéad rang a bhíonn sa lá scoile?(in the school day)
Cá mhéad tábla atá sa seomra Gaeilge?
Cá mhéad lá a bhíonn ann i Mí Eanáir/Mí Aibreáin?

Seo roinnt freagraí- ceangail iad leis an cheist cheart!

365 100 32 31
60 4 24 12
60 7 9

1. Gaolta /Daoine	Relations/people
Aintín	aunt
Athair	father
Athair mór	grandfather
Babaí	baby
Cara	friend
Cairde	friends
Col ceathrair	cousin
Cúpla	twins
Daidí	daddy
Deartháir	brother
Deirfiúr	sister
Gasúr	boy
Gasúr scoile	school boy
Girseach	girl
Girseach scoile	school girl
Iníon	daughter
Mac	son
Mamaí	mammy
Máthair	mother
Máthair mhór	grandmother
Neacht	niece
Nia	nephew
Uncail	uncle

2. Aidiachtaí	Adjectives
Aclaí	athletic/fit
Ard	tall
Beag	small
Bídeach	tiny
Cainteach	talkative
Cairdiúil	friendly
Caol	thin
Cliste	clever
Dícheallach	hard working
Greannmhar	funny
Mór	big

Múinte	polite
Óg	young
Sean	old
Tanaí	thin

3. Míonna na Bliana	**Months of the Year**
Eanáir	January
Feabhra	February
Márta	March
Aibreán	April
Bealtaine	May
Meitheamh	June
Iúil	July
Lúnasa	August
Méan Fómhair	September
Deireadh Fómhair	October
Mí na Samhna	November
Mí na Nollag	December

4. Dathanna	**Colours**
Bán	white
Bándearg	pink
Donn	brown
Corcra	purple
Dearg	red
Dubh	black
Dúghorm	navy
Fionn	blonde
Fionnrua	Strawberry blonde
Glas	green
Gorm	blue
Liath	grey
Rua	red haired

5. Caitheamh Aimsire	**hobbies**
Camógaíocht	camogie
Cártaí	cards
Ceol	music

Cispheil	basketball
Cluichí ríomhaire	computer games
Damhsa	dance
Iascaireacht	fishing
Iománaíocht	hurling
Leadóg	tennis
Leadóg thábla	table tennis
Léitheoireacht	reading
Líonpheil	netball
Peil	football
Peil Ghaelach	Gaelic
Reathaíocht	running
Rothaíocht	cycling
Snámh	swimming
Teilifís	T.V.

6. Ag déanamh Rudaí — **doing things**

Ag amharc ar an teilifís	watching T.V.
Ag damhsa	dancing
Ag éisteacht le ceol	listening to music
Ag iascaireacht	fishing
Ag imirt camógaíochta	playing camogie
Ag imirt cártaí	playing cards
Ag imirt cispheile	playing basketball
Ag imirt leadóige	playing tennis
Ag imirt leadóg thábla	playing table tennis
Ag imirt líonpheile	playing netball
Ag imirt peile	playing football
Ag léamh	reading
Ag reathaíocht	running
Ag rothaíocht	cycling
Ag seinm ceoil	playing music
Ag snámh	swimming

7. Ag Cuntas Daoine — **counting people**

Duine amháin	1 person
Beirt	2 people
Triúr	3 people

Ceathrar	4 people
Cúigear	5 people
Seisear	6 people
Seachtar	7 people
Ochtar	8 people
Naonúr	9 people
Deichniúr	10 people
Duine dhéag	11 person
Dáréag	12 people

8. Uimhreacha — **Numerals**

a haon	one
a dó	two
a trí	three
a ceathair	four
a cúig	five
a sé	six
a seacht	seven
a hocht	eight
a naoi	nine
a deich	ten
a haon déag	eleven
a dó dhéag	twelve
a seacht déag	seventeen
a naoi déag	nineteen
fiche	twenty
fiche a haon	twenty one
tríocha	thirty
tríocha a cúig	thirty five
daichead	forty
caoga	fifty
seacsa	sixty
seachtó	seventy
ochtó	eighty
nócha	ninety
céad	a hundred
míle	a thousand

Aonad a Trí: Aimsir/Míonna/ Laethanta /Séasúir

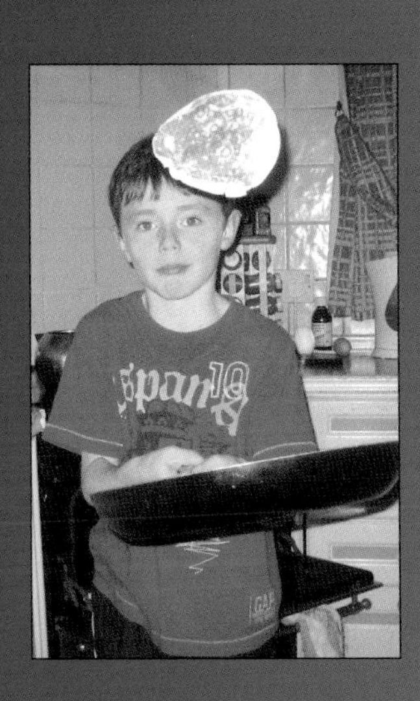

In this unit you will learn to

- Talk about days of the week, months of the year, seasons and festivals.
- Express preferences about the above.
- Understand simple information about the weather.
- Talk about the weather to someone else.
- Talk about days of week, seasons indicating your preferences.
- Give a basic description of the weather in each season.
- Use a small range of verbs accurately to express all the above.
- Read and respond to short passages containing similar information.

At the end of the unit you should be able to

- Talk about your the days of the week and the seasons.
- Give and request information of others about their favourite times of day/week/season.
- Understand and respond to others asking about days of the weeks, weather, seasons etc.
- Express simple views /preferences about various days/seasons.
- Work with other pupils to complete simple role plays /carry out teacher's instructions/investigations.
- Interpret simple weather forecasts.
- Complete with an acceptable level of accuracy simple writing tasks.

To help achieve the best possible progress you should

- Use opportunities to work with another pupil.
- Learn the key vocabulary and phrases identified in the learning boxes.
- Record your oral answers on your MP3 player/ipod.
- Review and correct with care all pieces of written work.
- Set yourself a few specific learning targets every week.

1. To ask what day of the week it is we say:
   "Cad é an lá atá ann inniu?"
   To answer we say:
   "Inniu an Luan/an Mháirt" etc.

Anois amharc ar na habairtí thíos. Cleacht le do mhúinteoir iad agus ansin foghlaim iad.

An Luan	*Monday*	*Dé Luain*	*on Monday(s)*
An Mháirt	*Tuesday*	*Dé Máirt*	*on Tuesday(s)*
An Chéadaoin	*Wednesday*	*Dé Céadaoin*	*on Wednesday(s)*
An Déardaoin	*Thursday*	*Déardaoin*	*on Thursday(s)*
An Aoine	*Friday*	*Dé hAoine*	*on Friday(s)*
An Satharn	*Saturday*	*Dé Sathairn*	*on Saturday(s)*
An Domhnach	*Sunday*	*Dé Domhnaigh*	*on Sunday(s)*

Anois cuir agus freagair ceist a haon!

2. To ask what day it was yesterday we say:
   "Cad é an lá a bhí ann inné?"

Seo roinnt freagraí samplacha duit.

Inniu an Chéadaoin. Bhí an Mháirt ann inné.

Inniu an Aoine. Bhí an Déardaoin ann inné.

Inniu an Domhnach. Bhí an Satharn ann inné.

3. To ask what day it will be tomorrow we say:
   " Cad é an lá a bheidh ann amárach?"

Seo roinnt freagraí samplacha duit.

Inniu an Chéadaoin. Beidh an Déardaoin ann amárach.

Inniu an Aoine. Beidh an Satharn ann amárach.

Inniu an Domhnach. Beidh an Luan ann amárach.

4. To someone if he/she likes a certain day we say:
"An maith leat an Aoine/ an Luan/ An Satharn etc?"

Seo roinnt samplaí duit:

An maith leat an Chéadaoin? Ní miste liom an Chéadaoin.
(I don't mind Wednesday)

An maith leat an Aoine? Is breá liom an Aoine. (I love Friday)

An maith leat an Luan? Ní maith. Is fuath liom é. (I hate it).

An maith leat an Mháirt? Is maith.

5. To ask someone what his/her favourite day of the week is we say:
"Cén lá den tseachtain is fearr leat?"

Seo roinnt freagraí samplacha duit:

Cén lá den tseachtain is fearr leat? Is fearr liom an Satharn.

Cén lá den tseachtain is fearr leat? Is fearr liom an Aoine.

Cén lá den tseachtain is fearr leat? Is fearr liom an Domhnach.

6. To ask what someone does on a certain day / at certain times we say:
"Cad é a dhéanann tú oíche Dé Sathairn? (Saturday night)
Cad é a dhéanann tú tráthnóna Dé Domhnaigh? (Sunday evening)
Cad é a dhéanann tú maidin Dé Luain? (Monday morning) etc.

Seo roinnt freagraí samplacha duit.

Cad é dhéanann tú oíche Dé Sathairn?
Oíche Dé Sathairn téim chuig an phictiúrlann le mo chairde.

Cad é a dhéanann tú tráthnóna Dé Domhnaigh?
Tráthnóna Dé Domhnaigh bím ag snámh.

Cad é a dhéanann tú maidin Dé Luain? **Maidin Dé Luain téim ar scoil.**

Cad é a dhéanann tú Dé hAoine?
Dé hAoine, san iarnóin (in the afternoon) bím ag siopadóireacht.

Cleacht na habairtí thíos le do mhúinteoir agus ansin foghlaim iad.

Amárach	Tomorrow
Anocht	Tonight
Aréir	Last night
Inné	Yesterday
Inniu	Today
Maidin Dé Luain	(on) Monday morning
Ar maidin	in the morning
Tráthnóna Dé hAoine	(on) Friday evening
Sa tráthnóna	in the evening
Oíche Dé Sathairn	(on) Saturday night
San oíche	at night
San iarnóin	in the afternoon

Anois cuir agus freagair ceisteanna 2-6 thuas!

7. To ask what month it is we say:
"Cad é an mhí atá ann anois?"

Cleacht na habairtí thíos le do mhúinteoir agus ansin foghlaim iad.

Eanáir	January	Feabhra	February
Márta	March	Aibreán	April
Bealtaine	May	Meitheamh	June
Iúil	July	Lúnasa	August
Méan Fómhair	September	Deireadh Fómhair	October
Mí na Samhna	November	Mí na Nollag	December

Seo roinnt samplaí duit.

Cad é an mhí seo? (15/03) Seo mí an Mhárta.
Cad é an mhí seo? (01/07) Seo mí Iúil.
Cad é an mhí seo? (12/12) Seo mí na Nollag.

8. To ask what month someone's birthday is we say:
"Cad é an mhí a mbíonn do bhreithlá ann?"

Seo roinnt freagraí samplacha duit.

Bíonn mo bhreithlá ann i Mí Eanáir. Rugadh mé ar an chéad lá Eanáir (I was born on 01/01)
Bíonn mo bhreithlá ann i Mí an Mhárta. Rugadh mé ar an seachtú lá Márta (I was born on 07/03)
Bíonn mo bhreithlá ann i Mí na Samhna. Rugadh mé ar an séú lá déag. (I was born on 16/11)

Anois cuir ceist 7 & 8 ar do chara ranga.

9. To ask what month someone prefers we say:
"Cad é an mhí den bhliain is fearr leat?"

Seo roinnt freagraí samplacha duit.

Is fearr liom mí Lúnasa mar bíonn mo bhreithlá ann.

Is fearr liom mí Iúil mar téim ar laethanta saoire. (I go on holidays)

Is fearr liom mí na Nollag mar bíonn an Nollaig ann.

Anois cuir an cheist thuas ar do chara ranga agus freagair an cheist chomh maith.

10. To ask what month a certain holiday/festival is on
"Cad é an mhí a mbíonn .... ann?"

Sampla

Cad é an mhí a mbíonn Lá Fhéile Pádraig ann?
Bíonn lá Fhéile Pádraig ann i mí an Mhárta.

Cad é an mhí a mbíonn an Nollaig ann?
Bíonn an Nollaig ann i mí na Nollag.

Anois cleacht na habairtí thíos le do mhúinteoir agus foghlaim iad.

Lá na bliana úire	New Year's Day.
Lá na Féile Bríde	St. Bridgid's Day.
Máirt Inide	Shrove Tuesday.
Lá Fhéile Pádraig	St. Patrick's day.
Lá na n-amadán	April Fool's Day.
Aoine an Chéasta	Good Friday.
Domhnach Cásca	Easter Sunday.
Oíche Shamhna	Halloween.
Oíche Nollag	Christmas Eve.
Lá Nollag	Christmas Day.

11. To ask what season it is we say:
"Cad é an séasúr atá ann anois?"

Seo thíos abairtí a bhaineann le séasúir na bliana.
Cleacht le do mhúinteoir iad agus ansin foghlaim iad!

An t-Earrach — Spring
Aimsir an Earraigh — Spring weather
Míonna an Earraigh — the months of Spring.

An Samhradh — Summer
Aimsir an tSamhraidh — Summer weather
Míonna an tSamhraidh — the months of Summer.

An Fómhar — Autumn
Aimsir an Fhómhair — Autumn weather
Míonna an Fhómhair — the months of Autumn.

An Geimhreadh — Winter
Aimsir an Gheimhridh — Winter weather
Míonna an Gheimhridh — the months of Winter.

Seo roinnt samplaí duit.
"Cad é an séasúr atá ann anois?"
"Tá an t-Earrach ann anois" .

"Cad é an séasúr atá ann anois?"
"Tá an Samhradh ann anois".

"Cad é an séasúr atá ann anois?"
"Tá an Fómhar ann anois".

"Cad é an séasúr atá ann anois?"
"Tá an Geimhreadh ann anois".

12. To ask what season someone prefers we say "Cad é an séasúr is fearr leat?"

Seo roinnt freagraí samplacha duit.

Is fearr liom an t-Earrach mar tosaíonn gach rud ag fás arís.

(everything begins to grow again)

Is fearr liom an Samhradh mar téim ar laethanta saoire.

(I go on holidays)

Is fearr liom an Fómhar mar bíonn Oíche Shamhna ann.

(because Hallow'een is in Autumn)

Is fearr liom an Geimhreadh mar bíonn an Nollaig ann sa gheimhreadh.

(Christmas is in winter)

Anois cuir agus freagair ceist 11 & 12!

1. Éist leis na dátaí seo agus ansin cuir an uimhir a chluineann tú sa bhosca leis an abairt chuí. Tá sampla déanta duit.
Listen to these pupils and then put the number/order you hear on the CD beside the correct phrase. An example has been done for you.

Friday 1 February	4
Tuesday 14 January	
Monday 3 July	
Sunday 7 May	
Wednesday 5 August	
Thursday 6 June	
Saturday 24 September	

2. Éist leis na daoine seo ag caint faoi laethanta na seachtaine agus ansin freagair na ceisteanna /roghnaigh an freagra ceart.
Listen to these people talking about holidays and then answer the questions/chose the correct option below.

(a) Cuir fáinne thart ar lá amháin nach maith le Liam.

- An Satharn
- An Déardaoin
- An Aoine

(b) Cén lá is fearr le Liam?

- An Domhnach
- An Mháirt
- An Aoine

(c) Cuir fáinne thart ar an rud a dhéanann Liam Dé hAoine.

(d) Ní maith le hOrla
- An Domhnach
- An Mháirt
- An Luan

(e) Cad é a dhéanann Orla Oíche Dé Máirt?
Cuir fáinne thart ar an phictiúr cheart.

3. Éist leis na daoine seo ag caint faoina laethanta breithe agus ansin freagair na ceisteanna /roghnaigh an freagra ceart.
Listen to these people talking about their birthdays and then answer the questions below.

(i) What age will Sean be on Sunday?
(ii) Who had a birthday on Tuesday?
(iii) Who will celebrate a birthday an Saturday and what age will she be?
(iv) What age does Séamas tell us he is?
(v) Who celebrates a birthday on 12 March?

4. Éist leis na daoine seo ag caint faoin am den bhliain is fearr leo agus ansin scríobh ainm an duine faoin phictiúr cuí.
Listen to these people talking about their favourite time of the year and write the name of each person underneath the correct picture. An example has been done for you.

Sinéad

1. To ask what today's weather is like we say:
"Cad é mar atá an aimsir inniu?"
Seo roinnt abairtí le cuidiú leat an cheist a fhreagairt.
Cleacht le do mhúinteoir iad agus ansin foghlaim iad!

Tá an aimsir ar fheabhas	the weather is excellent.
Tá an aimsir go hiontach/ar dóigh	the weather is great.
Tá an aimsir go maith	the weather is good.
Tá an aimsir go measartha	the weather is fair.
Tá an aimsir díreach maith go leor	the weather is just O.K.
Tá an aimsir go holc/go dona	the weather is bad.
Tá an aimsir millteanach	the weather is terrible.

Below are some further phrases to give details of the weather conditions. Cleacht le do mhúinteoir iad agus ansin foghlaim iad!

Tá an ghrian ag soilsiú	the sun is shining.
Tá sé te	it is warm/hot.
Tá sé tirim	it is dry.
Tá sé gaofar	it is windy.
Tá sé fuar	it is cold.
Tá sé fliuch	it is wet.
Tá sé scamallach	it is cloudy.
Tá sé ag cur fearthainne	it is raining.
Tá sé ag cur sneachta	it is snowing.
Tá sé ag cur seaca	it is freezing.
Tá sé geal	it is bright.
Tá sé dorcha	it is dark.
Tá ceo ann	it is foggy.
Tá sioc ann	it is frosty.

Seo roinnt freagraí samplacha duit:

Tá an aimsir go maith inniu. Tá an ghrian ag soilsiú agus tá sé measartha te.

Tá an aimsir go dona inniu.
Tá sé ag cur fearthainne agus
tá sé iontach gaofar.

Tá an aimsir go measartha inniu.
Tá sé geal,tirim ach níl sé te.

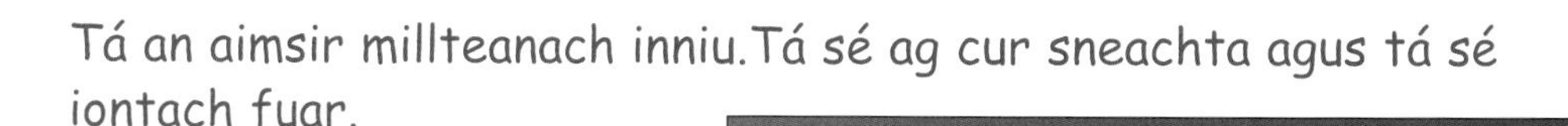

Tá an aimsir millteanach inniu.Tá sé ag cur sneachta agus tá sé iontach fuar.

Anois cuir agus freagair ceist a haon!

2. To ask if it is warm/dry/cold etc. today we say:
"An bhfuil sé te / tirim / fuar inniu?
To answer "yes" we say "Tá" ; to answer "no" we say "Níl".

Seo roinnt freagraí samplacha duit:

"An bhfuil sé te inniu?
"Níl sé te inniu. Tá sé fuar, fliuch.

"An bhfuil sé dorcha inniu?
"Níl sé dorcha inniu. Tá sé geal..

"An bhfuil an aimsir go maith inniu?
"Tá an aimsir go maith inniu.
Tá an ghrian ag soilsiú.

Anois cuir agus freagair ceist a dó!

3. Anois amharc ar na pictiúir thíos, roghnaigh 2 cheann, agus cuir cheist ar do chara ;
"Cad é mar atá an aimsir sa phictiúr?
Déan 3 phointe faoi gach ceann acu.
Look at the pictures below, choose 2 and ask your partner to describe the weather.
Try to identify the season in your answer as well.

4. To ask what the weather was like yesterday we say:
"Cad é mar a bhí an aimsir inné?
Seo roinnt freagraí samplacha

Bhí an aimsir go maith inné.
Bhí sé tirim. Bhí an ghrian ag soilsiú.
X Ní raibh sé fuar.
X Ní raibh sé dorcha.

Bhí an aimsir go holc inné.
Bhí sé fuar. Bhí sé scamallach.
X Ní raibh sé te.
X Ní raibh an ghrian ag soilsiú.

5. To ask what the weather will be like tomorrow we say :
"Cad é mar a bheidh an aimsir amárach?

Seo roinnt freagraí samplacha:

Beidh an aimsir go hiontach amárach.
Beidh sé te. Beidh an ghrian ag soilsiú san iarnóin (in the afternoon).
X Ní bheidh sé fuar.
X Ní bheidh sé ag cur fearthainne.

Beidh an aimsir maith go leor amárach.
Beidh sé gaofar.
Beidh sé tirim.
X Ní bheidh sé te.
X Ní bheidh ceo ann.

6. To ask what the weather is like in a particular season we say :
"Cad é mar a bhíonn an aimsir san Earrach/sa Samhradh/ san Fhómhar / sa Gheimhreadh?

Seo roinnt freagraí samplacha duit:

Bíonn an aimsir go maith sa Samhradh.
Bíonn an ghrian ag soilsiú agus bíonn sé te, tirim.
Bíonn sé geal.
Ní bhíonn sé ag cur go minic (it doesn't rain often) agus ní bhíonn sioc ann.
Is maith liom aimsir an tsamhraidh (I like summer weather).

Bíonn an aimsir go dona sa Gheimhreadh.

Ní bhíonn an ghrian ag soilsiú agus bíonn sé fuar, fliuch.

Bíonn sé dorcha agus bíonn sé ag cur sneachta.

Ní maith liom aimsir an Gheimhridh.

Anois cuir agus freagair ceisteanna 4-6!

7. Anois amharc ar na siombail aimsire ar léarscáil na hÉireann, roghnaigh 2 áit, agus cuir ceist ar do chara :
"Cad é mar atá an aimsir i mBéal Feirste?
"Cad é mar atá an aimsir i mBaile Átha Cliath?
"Cad é mar atá an aimsir i nGaillimh?
"Cad é mar atá an aimsir i gCorcaigh?
"Cad é mar atá an aimsir i dTír Chonaill?

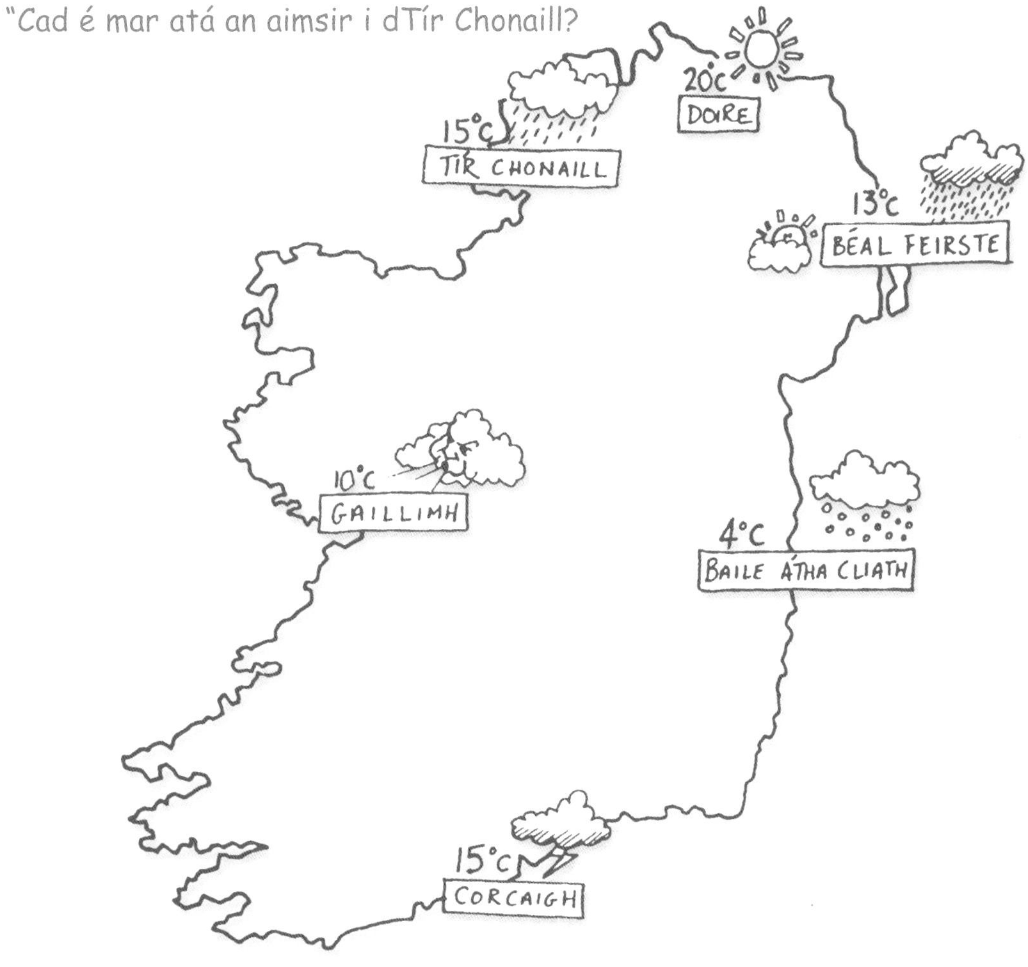

1. Ceangail na focail /abairtí 1-8 leis na léaráidí.
Link the words and phrases 1-8 will the corresponding illustration.

1. lá fuar.
2. lá samhraidh.
3. lá fliuch.
4. lá geal.
5. lá dorcha.
6. lá gaofar.
7. Tá an ghrian ag soilsiú.
8. Tá sé ag cur sneachta.

2. Aimsigh na habairtí ag bun an leathanaigh sa mhogalra thíos.
Find the weather phrases listed in the box in the grid below.

A	M	O	P	F	U	A	R	F	G	A	O	F	A	R
A	G	T	R	P	O	N	Q	Z	O	P	T	W	E	I
X	S	C	U	F	E	A	R	T	H	O	I	N	N	V
I	D	R	U	A	Z	X	C	V	W	E	R	R	I	S
S	A	F	I	R	O	P	B	M	N	C	I	X	Z	C
A	G	C	U	R	S	E	A	C	A	U	M	D	S	A
I	R	A	O	W	I	N	E	R	R	X	X	F	I	M
X	I	C	U	F	E	A	E	T	H	A	I	N	N	A
A	A	Q	W	T	C	Y	R	A	Z	Q	C	A	X	L
X	N	O	Q	H	M	N	B	V	C	E	O	R	C	L
Q	A	M	F	U	A	R	A	S	V	H	Q	Z	X	A
S	D	F	G	A	H	W	E	R	T	Y	T	U	O	C
Z	X	Q	D	O	R	C	H	A	H	J	K	A	L	H
Q	A	M	F	E	A	R	T	H	A	I	N	N	X	A
G	I	F	G	H	O	G	E	A	L	T	R	U	Z	A
A	G	T	R	P	O	N	Q	Z	O	P	T	W	E	I

Dorcha	gaofar	scamallach	tirim
Ag cur seaca	geal	Ag cur sneachta	Sioc
Fearthainn	Ceo	Fuar	Grian

3. Ceangail na féilte thíos leis an dáta cuí.
   Link the festivals below with the correct date.

Lá Nollag	An t-aonú la is tríocha Deireadh Fómhair.
Lá Fhéile Pádraig	An cheathrú lá is fiche mí na Nollag.
Oíche Shamhna	An seachtú lá déag Márta.
Lá na n-amadán	An chéad lá Feabhra.
Lá Fhéile Bríde	An chéad lá Aibreán.
Oíche Nollag	An chúigiú lá is fiche mí na Nollag.

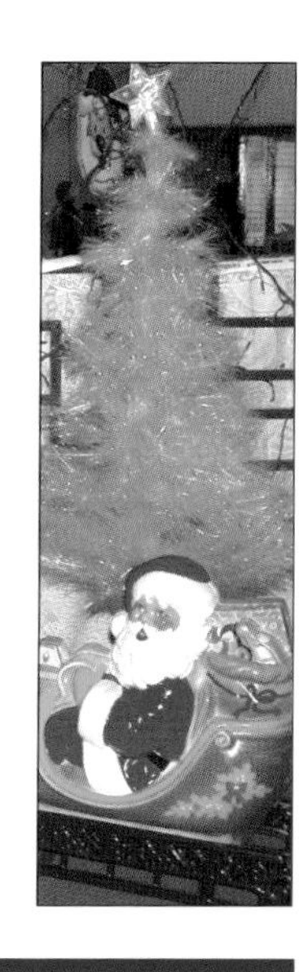

4. Léigh na habairtí thíos agus cuir F (Fíor) sa bhosca le habairtí atá fíor agus B (bréagach) leis na cinn nach bhfuil.

Tá an Luan ann inniu.	
Tá mí na Samhna ann anois.	
Tá ocht lá sa tseachtain.	
Tá ceithre shéasúr sa bhliain.	
Tá deich mí sa bhliain.	
Tá an ghrian ag soilsiú inniu.	
Bhí an aimsir go dona inné.	
Bíonn Oíche Shamhna ann i Mí na Samhna.	
Tá sé ag cur fearthainne anois.	
Bíonn sé fuar i Mí na Nollag.	
Is fearr liom an t-Earrach.	
Ní maith liom Mí Eanáir.	

Laethanta/Aimsir/ Míonna/Séasúir. : Léamh / Scríobh

5. Líon isteach na litreacha atá ar iarraidh sna focail/abairtí thíos.
Fill in the missing letters in the words and phrases below.

An L— —n

An t_ arr_ ch.

An M_áirt

An Samhr _ d_

An S_ th_ _ n.

Oí _ _ e Sha_ _ na

Dé D_ _ hna_ _h

An G _ _ mhr _ _ dh.

Lá N _ l _ ag

An F _ _ har.

6. Scríobh isteach an mhí sna bearnaí thíos.
Fill in the missing month/season in each of the sentences below.

Is mise an chéad mhí den bhliain. ________________
Bíonn mo bhreithlá ann an mhí seo. ____________________
Téim ar laethanta saoire an mhí seo. _____________
Tosaím ar ais ar scoil an mhí seo.________________
Bíonn Lá Fhéile Pádraig ann an mhí seo.______________
Bíonn sé ag cur sneachta sa tséasúr seo. _____________
Bíonn sé te, tirim sa tséasúr seo.____________________
Tosaíonn gach rud ag fás sa tséasúr seo.____________

7. Críochnaigh na habairtí thíos le lá/ mí/ séasúr.
Complete the sentences below by adding a day of the week, month or season of the year.

Ní maith liom an Luan ach is maith liom an _____________.
Is fearr liom an ________________ mar bíonn sé te agus bíonn an ghrian ag soilsiú.
Bíonn breithlá mo mhamaí ann i Mí _____________.
Is fearr liom an Fómhar ná an ___________________.
Is fearr liom an ______________ ná lá ar bith eile den tseachtain.

8. Amharc ar na pictiúir thíos, roghnaigh ceann amháin agus ansin scríobh 8-10 líne faoi.

Choose one of the pictures below and write 8-10 lines about it.
Try to include the following:

Say what season/festival it is
Say what the weather is like at that time of year (make 3 or 4 points)
Mention something that you do at that time of year.
Mention whether you like that time of year and why.

5. Éist leis an dlúthdhiosca agus cuir uimhir sa bhosca taobh le gach pictiúr de réir an oird ina gcluineann tú iad.
Listen to the CD and then number each picture according to the order in which you hear it. An example has been done for you.

6. Éist leis an dlúthdhiosca agus ceangail gach lá leis an phictiúr cheart de réir an eolais a chluineann tú iad.
Listen to the CD and write the day of the week below the picture that illustrates the weather forecast given.

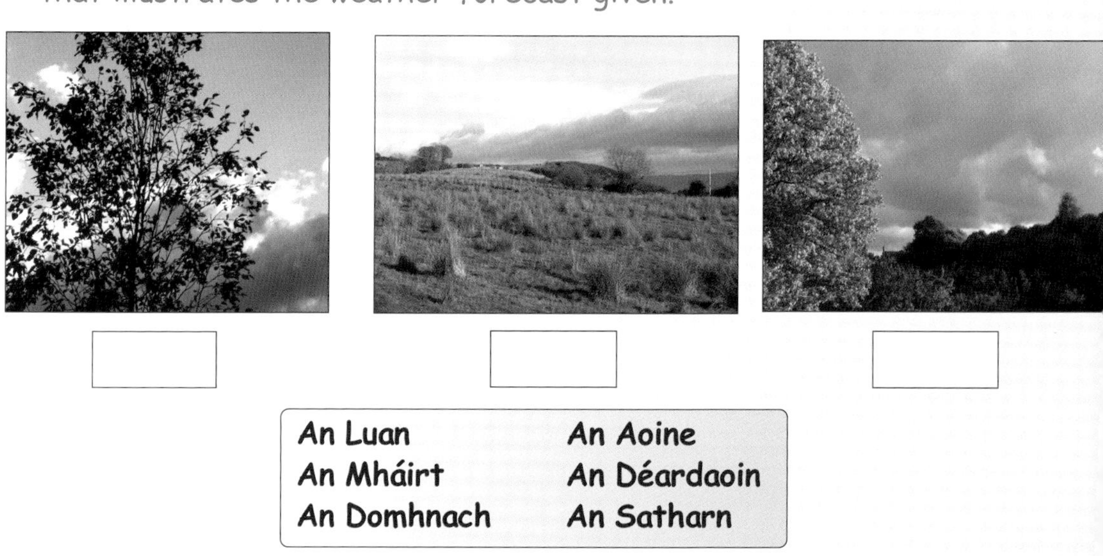

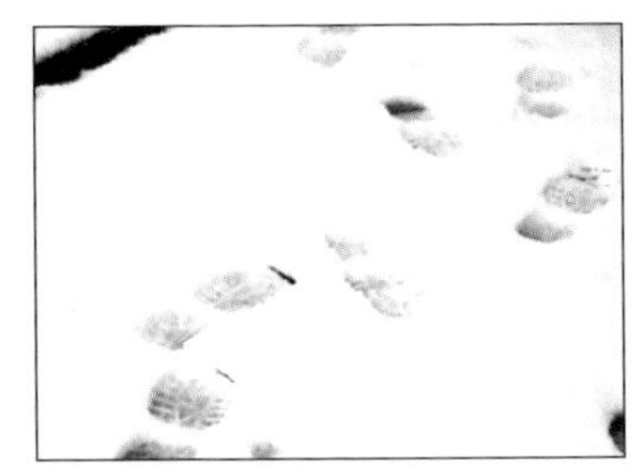

7. Éist leis an dlúthdhiosca agus ansin freagair na ceisteanna thíos.
Listen to the CD and then answer the questions below.

What is forecast for Dublin? Make one point.

Where is rain forecast for the following night?

It will be cloudy in ________________.

What 2 weather conditions are forecast for Belfast?

What is the forecast for the following afternoon in Donegal?

1. In question 8 we looked at some dates of birthdays.

Outlined below is the system for talking about dates.
Cleacht le do mhúinteoir iad agus ansin foghlaim iad.

An chéad lá	(the first)	An dóú lá	(the second)
An tríú lá	(the third)	An ceathrú lá	(the fourth)
An Cuigiú lá	(the fifth)	An seú lá	(the sixth)
An seachtú lá	(the seventh)	An t-ochtú lá	(the eighth)
An naoú lá	(the nineth)	An deichiú lá	(the tenth)
An t-aonú lá déag	(the eleventh)	An dóú lá déag	(the twelfth)

*** For dates between 12-19 add "déag" to dates 2-9**

An fichiú lá (the twentieth) An t-aonú lá is fiche (21st)

*** For dates between 22-19 add "is fiche" to dates 2-9**

An tríochadú lá (the thirtieth) An t-aonú lá is tríocha (31st)

Cleachtadh a haon :Anois cuir Gaeilge ar na dátaí seo a leanas.

(1)	Monday 21 April.	(2)	Sunday 11 August.
(3)	Friday 30 September.	(4)	Monday 06 February.
(5)	Wednesday 4 March.	(6)	Tuesday 20 January.
(7)	Thursday 10 May.	(8)	Friday 01 November.
(9)	Friday 17 July.	(10)	Wednesday 12 December.
(11)	Tuesday 19 October.	(12)	Saturday 25 June.

2. In question 6 (cuid a dó) we looked at describing weather in certain seasons and we used the phrases " bíonn sé fuar/te" etc. When we wanted to ask the question we used the phrase
"an **m**bíonn sé fuar/te?"

With most verbs we ask the question by placing " an" before the verb and it eclipses 7 consonants (b,c,d,f,g,p,t) but has no effect on verbs beginning with any other consonant or vowel.

Seo tuilleadh samplaí duit:

An mbíonn an ghrian ag soilsiú sa Samhradh?
Bíonn.

An mbíonn sé te sa Gheimhreadh?
X Ní b**h**íonn.

An mbíonn tú ar scoil Dé Luain?
Bím.

An mbíonn tú ar scoil Dé Sathairn?
Ní b**h**ím.
An mbíonn tú ag imirt peile Dé Domhnaigh?
Bím.

An mbíonn tú ag imirt peile Dé Luain?
X Ní Bhím

An dtéann tú a shiopadóireacht Dé Sathairn?
Téim.

An dtéann tú a shiopadóireacht Dé Máirt?
X Ní théim.

An dtéann tú ar scoil sa charr? Ní t**h**éim.
Téim ar scoil ar an bhus.

*Note that when we want to answer "No" we often place "Ní" before the verb and it aspirates.

Cleachtadh a dó: Place the question form "an" before each of the verbs in the sentences below.

Éistim (I listen) le ceol ar an raidió gach maidin.
(Éisteann tú : You listen)

(2) Ólaim (I drink) cupán tae don bhricfeasta.
(Ólann tú : you drink)

(3) Siúlaim (I walk) ar scoil gach lá.
(Siúlann tú : You walk)

Bím ag amharc ar an teilifís gach lá.
(Bíonn tú ag amharc ar an teilifís: you watch T.V.)

(4) Déanaim obair bhaile (I do homework) ar a hocht a chlog.
(Déanann tú obair bhaile :You do homework)

7. Téim a luí (I go to bed) ar a deich a chlog.
(Téann tú a luí: You go to bed)

Cleachtadh a trí : Now answer each of the questions you have written by saying " No "(Place **Ní** before the positive form and **aspirate**, where possible. Remember **"Ní"** will have no effect on vowels).

An bhfuil a fhios agat?

- Máirt Inide or Shrove Tuesday is a day when many customs have been observed throughout Ireland and below are some of the most common :

- Céadaoin an Luaithrigh (Ash Wednesday) traditionally marks the beginning of lent (An Carghas) and Máirt Inide (Shrove Tuesday) was a day of festivity and merrymaking.

- Throughout Europe a public carnival of Mardi Gras is observed but in Ireland the celebration was a household festival with the family and their friends gathering around the fireplace.

- A meal was prepared using the surplus milk, eggs and butter to make the pancakes and since meat was forbidden during the season of lent, Shrove Tuesday was a day when nobody should be without meat.

- When the pancakes were made the family gathered round the fire and tried their skills at tossing them. The first to have a go was always the eldest unmarried daughter of the house. If the pancake was not tossed or, if it fell off the pan, then it was believed that she would have no luck in finding a husband in the coming year.

- Well-to-do farmers would often slaughter an animal and portions of meat were sent, as gifts, to poorer neighbours.

- In parts of Counties Limerick, Cork, Tipperary and Waterford the head of the household took a small scrap of the meat from the Shrove Tuesday supper and pinned it to the kitchen roof or chimney, where it stayed until Easter time, in the belief that it would bring good luck and prosperity to the family.

- There was a common belief that if you licked a lizard your tongue would hold the cure for burns and scalds and this was particularly true on Shrove Tuesday.

- The traditional time for marrying in Ireland was Shrovetide and in the nineteenth and twentieth centuries it was taken for granted that those who wished to marry would do so at this time of year.

- There was a ban on marriage during the season of Lent and this is why weddings at this time of year were so popular.

- The bridal parties often made their way to church in horse-traps or side-cars and in Donegal the wedding party was often headed by a fiddle player as they made their way into the church.

- When the wedding party arrived back at the Bride's house the mother would break a small cake over the Bride's head to give her luck and prosperity.

- Of course these wedding customs were seen at other times besides Shrovetide, but they were most in evidence at this time when most country weddings took place.

- In Skibbereen, in County Cork, after nightfall on Shrove Tuesday, the young lads used to amuse themselves by letting off homemade firecrackers. These were made by wrapping gunpower, with a short fuse attached, in the lead-foil lining of tea chests.

Seo dán beag daoibh bunaithe ar Scéal Oisín agus Niamh.
Cleacht le do mhúinteoir é, foghlaim an dán, tarraing pictiúr i do leabhar nótaí agus fiosraigh an scéal, le chara ranga.

The poem overleaf is based on the story, in Irish mythology, of Oisín and Niamh returning to Ireland from Tír na n-óg. Practice it with your teacher, learn it and illustrate the poem in your notebook.

Obair bheirte/ghrúpa

With a partner, or class group, investigate the legend of Oisín and Niamh, or any other one of your choice e.g.

- How Cúchulainn got his name/ The hound of Ulster.
- The children of Lir.
- The Cattle raid of Cooley.
- Fionn Mac Cumhaill.
- Queen Méabh of Connacht.
- How Conor Mac Neasa became King of Ulster.

Then prepare a presentation for the class on what you learned.

Use powerpoint, if you can, to present the information to others.

Oisín i ndiaidh na bhFiann.

Tháinig ar a chapall bán
ó Thír na n-óg leis féin,
an fear a d'fhág na Fianna tráth
is d'imigh leis i gcéin.

Trí chéad bliain a chaith sé ann
is ag dul in óige a bhí,
cé go raibh na Fianna blianta
san uaigh ina luí.

" Ná tar anuas den chapall
nó beidh tú sean, a stóir,
tá na blianta fada caite
Ó chuala Fionn do ghlóir."

Ach le comhairle Niamh níor éist
an fear ar an chapall bán,
is é a bhí óg is láidir,
mar a bhí nuair a d'fhág sé slán.

Oisín an té a tháinig,
Is a thit dá chapall bán,
Is a d'athraigh ina sheanfhear liath
tar éis na gcéadta ar fán.

1. Laethanta na Seachtaine	Days of the Week
An Luan	Monday
Dé Luain	on Monday(s)
An Mháirt	Tuesday
Dé Máirt	on Tuesday(s)
An Chéadaoin	Wednesday
De Céadaoin	on Wednesday(s)
An Déardaoin	Thursday
Déardaoin	on Thursday(s)
An Aoine	Friday
Dé hAoine	on Friday(s)
An Satharn	Saturday
Dé Sathairn	on Saturday(s)
An Domhnach	Sunday
Dé Domhnaigh	on Sunday(s)

2. Míonna na Bliana	Months of the Year
Eanáir	January
Feabhra	February
Márta	March
Aibreán	April
Bealtaine	May
Meitheamh	June
Iúil	July
Lúnasa	August
Meán Fómhair	September
Deireadh Fómhair	October
Mí na Samhna	November
Mí na Nollag	December

3. Séasúir na Bliana	Seasons of the Year
An tEarrach	Spring
Aimsir an Earraigh	Spring weather
An Samhradh	Summer
Aimsir an tSamhraidh	Summer weather
An Fómhar	Autumn
Aimsir an Fhómhair	Autumn weather
An Geimhreadh	Winter
Aimsir an Gheimhridh	Winter weather

4. Féilte na Bliana	**Festivals of the Year**
Lá na bliana úire	New Year's Day
Lá Fhéile Bríde	St. Brigid's Day
Lá fhéile Pádraig	St. Patrick's Day
Máirt Inide	Shrove Tuesday
Lá na n-Amadán	April Fool's Day
Aoine an Chéasta	Good Friday
An Carghas	Lent
An Cháisc	Easter
Céadaoin an Luaithrigh	Ash Wednesday
Domhnach Cásca	Easter Sunday
Oíche Shamhna	Halloween
Oíche Nollag	Christmas Eve
Lá Nollag	Christmas Day

5. An Aimsir	**The weather**
Cad é mar atá an aimsir inniu?	What's the weather like today.
Cad é mar a bhí an aimsir	What was the weather like inne? yesterday?
Cad é mar a bheidh an aimsir	What will the weather amárach? be like tomorrow?

Tá an aimsir ar fheabhas	the weather is excellent
Tá an aimsir go dona	the weather is bad
Tá an aimsir go hiontach	the weather is great
Tá an aimsir go holc	the weather is poor/bad
Tá an aimsir go maith	the weather is good
Tá an aimsir go measartha	the weather is fair/middling
Tá an aimsir millteanach	the weather is terrible
Tá an ghrian ag soilsiú	the sun is shinning
Tá sé ag cur fearthainne	it is raining
Tá sé ag cur seaca	it is freezing
Tá sé ag cur sneachta	it is snowing
Tá sé dorcha	it is dark
Tá sé fliuch	it is wet

Tá sé fuar	it is cold
Tá sé gaofar	it is windy
Tá sé geal	it is bright
Tá sé scamallach	it is cloudy
Tá sioc ann	it is frosty
Tá sé te	it is warm/hot
Tá sé tirim	it is dry

6. Abairtí Ama	Phrases of Time
Amárach	tomorrow
Anocht	tonight
Aréir	last night
Inné	yesterday
Inniu	today
Ar maidin	**in the morning**
San iarnóin	**in the afternoon**
San oíche	**at night**
Sa tráthnóna	**in the evening**

7. Briathra Coitianta	Common Verbs
Bím ag amharc ar an teilifís	I watch (be watching) T.V.
An mbíonn tú ag amharc ar an teilifís?	Do you watch T.V?
Ní bhím ag amharc ar an teilifís	I do not watch T.V.
Déanaim obair bhaile	**I do homework**
An ndéanann tú obair bhaile?	**Do you do homework?**
Ní dhéanaim obair bhaile	**I do not do homework**
Éistim le ceol	I listen to music
An éisteann tú le ceol?	Do you listen to music?
Ní éistim le ceol	I do not listen to music

Ólaim cupán tae	I drink a cup of tea
An ólann tú cupán tae?	Do you drink a cup of tea?
Ní ólaim cupán tae	I do not drink a cup of tea
Siúlaim ar scoil	I walk to school
An siúlann tú ar scoil?	Do you walk to school?
Ní shiúlaim ar scoil	I do not walk to school
Téim a luí	I go to bed
An dtéann tú a luí?	Do you go to bed?
Ní théim a luí	I doinot go to bed

8. Áiteanna in Éirinn — Places in Ireland

Ard Mhacha	**Armagh**
Contae Ard Mhacha	County Armagh
Aontroim	**Antrim**
Contae Aontroma	County Antrim
Baile Átha Cliath	**Dublin**
Contae Bhaile Átha Cliath	County Dublin
Béal Feirste	**Belfast**
Corcaigh	**Cork**
Contae Chorcaí	County Cork
Doire	**Derry**
Contae Dhoire	County Derry
Gaillimh	**Galway**
Contae na Gaillimhe	County Galway
Dún na nGall/Tír Chonaill	**Donegal**
Contae Dhún na nGall/Thír Chonaill	County Donegal

Aonad a Ceathair: Dialann an Lae.

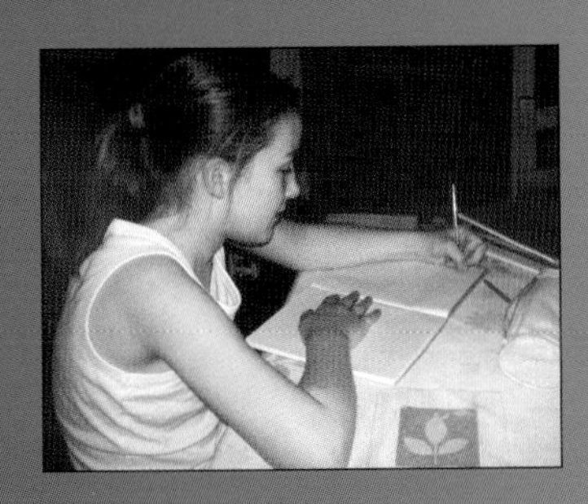

In this unit you will learn to:

- Review everyday greetings and times.
- Talk about everyday routine.
- Understand simple questions about how you spent your time.
- Give basic details about your daily routine i.e. time you got up, went to school, returned from school, ate meals etc.
- Talk about how you spend your free time.
- Express feelings and emotions and talk about what is wrong.
- Use a small range of verbs accurately to describe your typical day/weekend.
- Read and respond to short passages containing similar information.

At the end of the unit you should be able to:

- Discuss your everyday routine.
- Give and request information of others about how you and they spend weekdays and weekends.
- Give a basic description of your typical day.
- Talk about how you are / how you feel.
- Talk about your favourite hobbies and past times.
- Work with other pupils to complete simple role plays /carry out an investigations.
- Intrepret simple diary entries.
- Complete, with an acceptable level of accuracy, simple writing tasks.

To help achieve the best possible progress you should:

- Use opportunities to work with another pupils.
- Learn the key vocabulary and phrases.
  identified in the learning boxes.
- Record your oral answers on your MP3 player/ipod.
- Review and correct with care all pieces of written work.
- Set yourself a few specific learning targets every week.

1. We will begin by looking at ways of describing how you spent your time. (Aimsir Chaite: Past Tense).

To ask what Patrick / Christopher / Cait / Amy did we say:

Cad é rinne Patrick / Christopher / Cad é rinne sé?

Cad é rinne Cait / Amy / Cad é rinne sí ?

The pictures below will help focus on everyday activities.

Cleacht na habairtí le do mhúinteoir agus ansin le do chara ranga. Foghlaim iad chomh maith!

D'éirigh Cait / D'éirigh sí.

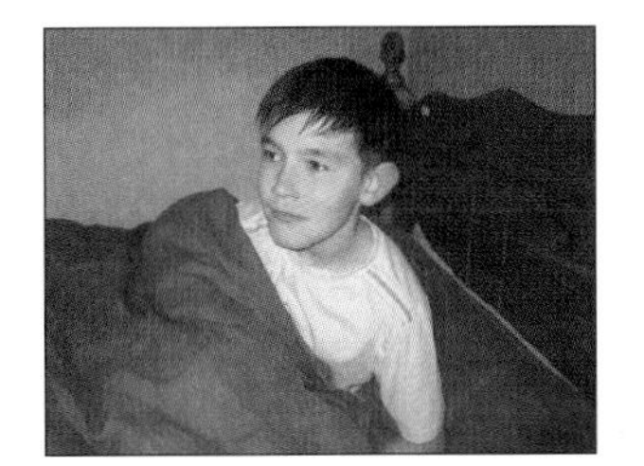

Mhúscail Patrick / mhúscail sé.

Nigh Cait í féin / nigh sí í féin.

Chuir Christopher air a éide scoile.

Tháinig Ashlinn anuas an staighre.

D'ith Christopher a bhricfeasta.

D'fhág Megan agus Beth an teach.

Chuaigh Christopher ar scoil ar an bhus.

Bhain na girseacha an scoil amach.

Bhí Oisín ag foghlaim sa seomra ranga.

D'ith Beth a lón sa bhialann.

Shiúil Clár abhaile ón scoil.

D'imir na gasúir peil.

D'ith Megan agus Beth greim bia.

Tháinig Amy agus Ashlinn abhaile ar an bhus.

D'amharc Niamh ar an teilifís.

Rinne Christopher obair bhaile.

D'éist Amy le ceol.

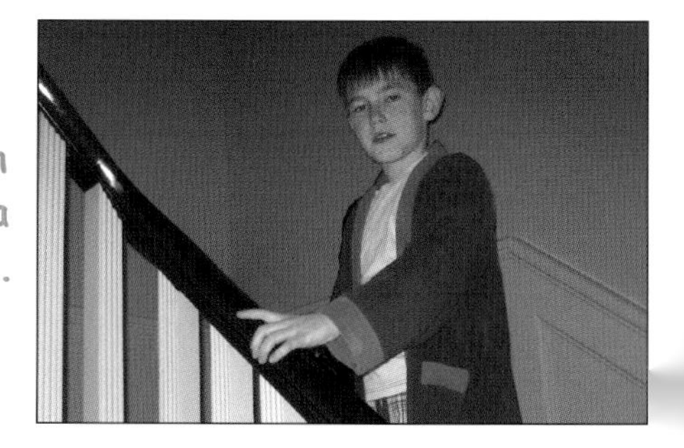

Chuaigh Patrick a luí.

2. To ask if someone did something i.e. Did Cait get up ar 7.30? we place "ar" before the verb and it will aspirate but remove the D' from verbs which begin with a vowel of "fh". There are a few verbs which do not follow this pattern and they are marked with *.
Seo thíos roinnt samplaí.

Cleacht na habairtí le do mhúinteoir agus ansin le do chara ranga. Foghlaim iad chomh maith!

Ar éirigh Cait ar a seacht?

Ar ith Christopher a bhricfeasta ar a hocht?

Ar fhág Megan an teach ar 8.15?

*An ndeachaigh Christopher ar scoil ar an bhus?

*An ndúirt Cait a paidreacha?

*An raibh Oisín ag foghlaim sa seomra ranga?

Ar ith Clár a lón sa bhialann?

Ar imir Patrick peil sa ghairdín?

3. To say that someone did not do something i.e. Cait didn't wake at 7.30, we place "Níor" before the verb and it aspirates but removes the d' from verbs beginning with a vowel. There are a few verbs which do not follow this pattern and they are marked with. *
Seo thíos roinnt samplaí duit.

Cleacht na habairtí le do mhúinteoir agus ansin le do chara ranga. Foghlaim iad chomh maith!

× Níor mhúscail Cait ar 7.30.

× Níor éirigh Patrick ar 7.15.

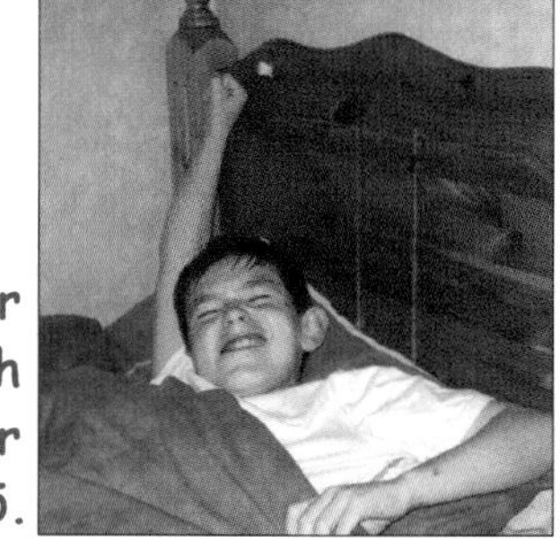

× Níor nigh Cait í féin sa chistin.

× Níor chuir Christopher air a éadaí spóirt.

× Níor tháinig Ashlinn anuas an staighre ar a seacht.

× Níor ith Christopher bricfeasta ar scoil.

× Níor fhág Megan agus Beth an teach ar 7.00.

×*Ní raibh Oisín ag foghlaim sa seomra ranga ar a deich.

3A. Anois amharc ar na pictiúir thíos, cuir do mhéar ar chúpla ceann agus ansin cuir an cheist ar do chara ranga. Tá na ceisteanna ar fáil sa bhosca ag bun an leathanaigh.
Below are further examples. Point to a few of the illustrations and ask the relevant question of your partner. The questions are to be found in the box at the bottom of the page.

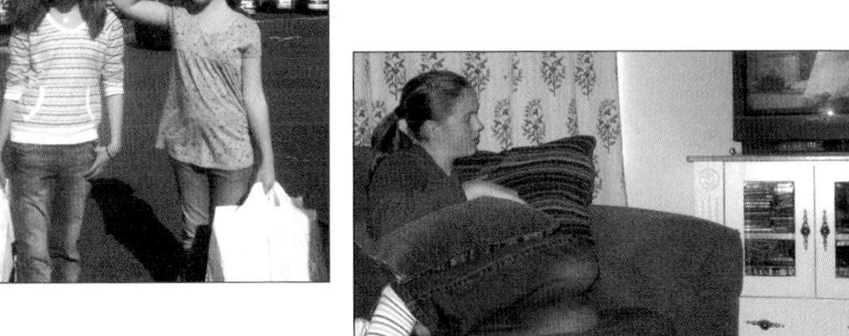

* An raibh Niamh ag amharc ar an teilifís?
* An ndearna Amy obair bhaile?
Ar imir Cormac iománaíocht?
Ar ith Clár bricfeasta?
* An ndeachaigh Ryan ag snámh?
* An bhfuair Beth a lón?
Ar éist Pierre le ceol?
* An ndeachaigh Beth agus Megan a shiopadóireacht?
* An ndúirt Cait a paidreacha?
* An raibh Patrick ag seinm ceoil?

3B. Anois amharc ar na pictiúir thíos, cuir do mhéar ar chúpla ceann agus ansin tabhair ráiteas diúltach do do chara ranga. Tá na ráitis ar fáil sa bhosca ag bun an leathanaigh.
Below are further examples. Point to a few of the illustrations and make the relevant negative statement. The statements are to be found at the bottom of the page.

* Ní raibh Amy ag amharc ar an teilifís.
* Ní dhearna Christopher obair bhaile.
Níor imir Cormac iománaíocht.
Níor ith Clár bricfeasta.
* Ní dheachaigh Ryan ag snámh.
* Ní bhfuair Clár a dinnéar ar scoil.
Níor éist Pierre le ceol.
* Níor imir Patrick cluichí ríomhaire.
* Ní dheachaigh Megan agus Beth a shiopadóireacht.
* Ní dúirt Cait a paidreacha.

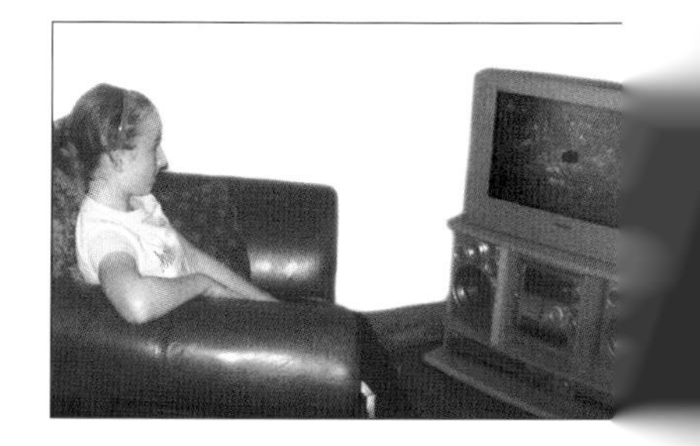

4. To ask what time someone got up/had breakfast/etc we say:

Cén t-am ar ith tú bricfeasta?
10.30

Cén t-am ar fhág tú an teach?
8.20

Cén t-am ar éirigh tú?
7.15

There are a few verbs which do not follow this pattern and examples are given below.

Cleacht na samplaí seo le do mhúinteoir agus ansin cuir agus freagair na ceisteanna le do chara ranga. Foghlaim iad chomh maith!

*Cén t-am a ndeachaigh Christopher ar scoil?
8.15

*Cén t-am a bhfuair Clár a dinnéar?
6.30

*Cén t-am a raibh Oisín ag foghlaim ar scoil? 1.30

*Cén t-am a bhfaca Amy Eastenders ar an teilifís?
8.00

*Cén t-am a ndearna Christopher an obair bhaile?
7.15

9.30
*Cén t-am a ndúirt Cait a paidreacha?

5. Anois amharc ar na pictiúir thíos, cuir do mhéar ar chúpla ceann agus ansin cuir an cheist " **Cén t-am ....?** ar do chara ranga. Tá cuidiú ar fáil sa bhosca ag bun an leathanaigh.

Below are further examples. Point to a few of the illustrations and ask your partner the question beginning " Cén t-am.....?

The questions can be found in the box at the bottom of the page.

* Cén t-am a raibh Patrick ag imirt cluichí ríomhaire?
* Cén t-am a ndearna Aishlinn obair bhaile?
  Cén t-am ar imir Eamonn iománaíocht?
  Cén t-am ar ith Clár bricfeasta?
* Cén t-am a ndeachaigh Ryan ag snámh?
* Cén t-am a bhfuair Clár a dinnéar?
  Cén t-am ar éist Pierre le ceol?
* Cén t-am a bhfaca Amy Eastenders ar an teilifís?
* Cén t-am a ndeachaigh Megan agus Beth a shiopadóireacht?
* Cén t-am a ndúirt Cait a paidreacha?

1. Éist leis na daoine seo ag caint agus ansin scríobh ainm an duine faoin phictiúr cuí.
Listen to these people talking and then put the correct name under each picture.

2. Éist leis na daoine seo ag caint agus ansin scríobh an t-am ceart sa bhosca taobh le gach pictiúr.
Listen to these people talking and then write the correct time in the box beside each picture.

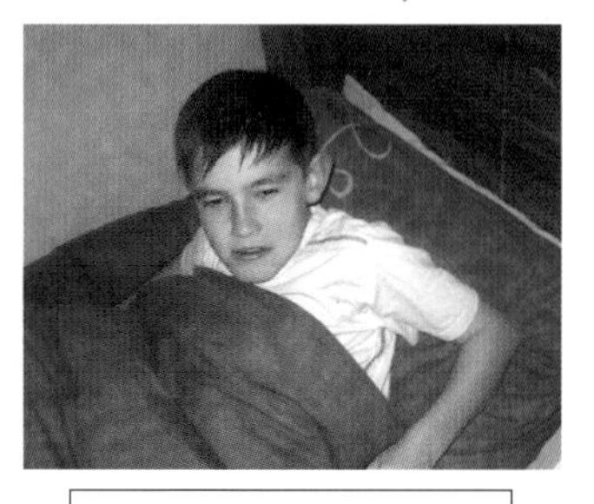

B.

3. Éist leis an duine seo ag caint agus ansin scríobh uimhir 1-7 taobh le gach pictiúr de réir an oird ina ndearna sí iad.
Listen to this girl talking and then put the pictures in the order in which you hear them. Tá sampla déanta duit.

1

6. Now you will learn how to express feelings and to say what is wrong with you. To ask someone what is wrong we say :
Cad é atá ort? or Cad é atá cearr leat?

Sampla:

Cad é atá ort?

Tá tinneas cinn orm.

Cad é atá ort?

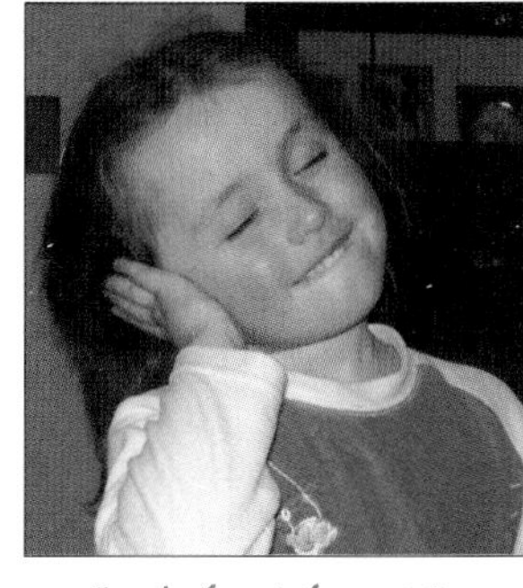

Tá tinneas fiacaile orm.

Cad é atá ort?

Tá tinneas goile orm.

Cad é atá ort?

Tá pian i mo chluas.

Seo tuilleadh samplaí duit.
Cleacht le do mhúinteoir agus ansin foghlaim iad!

Tá fiabhras orm.	Tá an fliú orm.
I have a temperature/fever.	I have the flu.
Tá mo chos briste .	Tá caol mo láimhe briste.
My foot/leg is broken.	My wrist is broken.
Tá mo ghlúin nimhneach.	Tá mo lámh nimhneach.
My knee is sore.	My hand is sore.
Tá mo scornach frithir/tinn.	Tá mo bholg tinn/nimhneach.
My throat is sore.	My tummy is sore.
Tá pian i mo bholg.	Tá pian i mo chluas.
I have a pain in my stomach.	I have a pain in my ear.

7. To ask someone what is wrong with him we say :
Cad é atá air?
And to ask what is wrong with her we say:
Cad é atá uirthi?

Samplaí :

Cad é atá air? Tá tinneas cinn air.

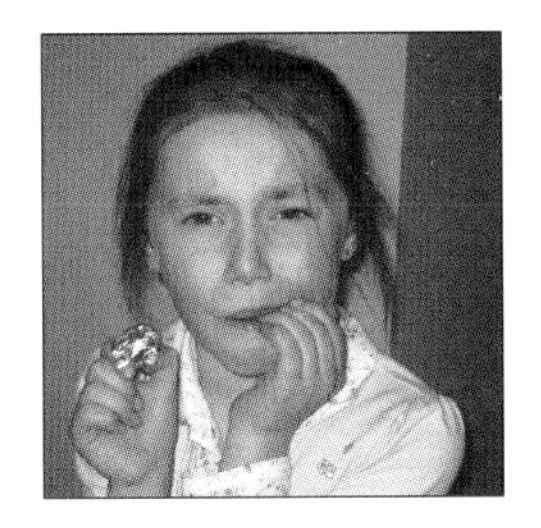

Cad é atá uirthi ? Tá tinneas fiacaile uirthi.

Cad é atá uirthi?
Tá tinneas goile uirthi.

Cad é atá air?

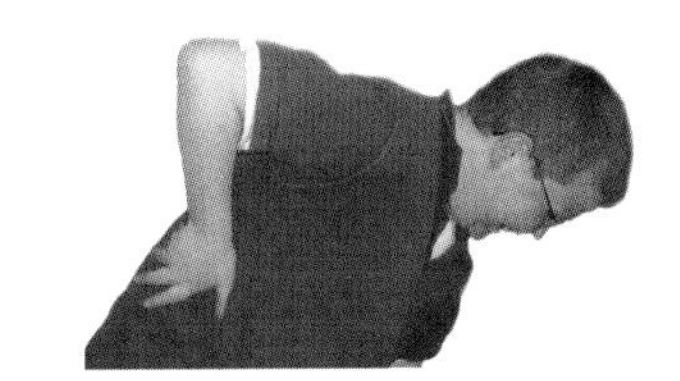

Tá pian ina dhroim.

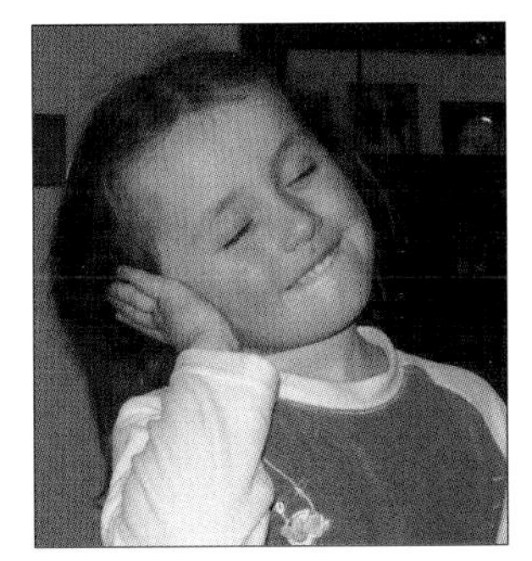

Cad é atá uirthi?
Tá pian ina cluas.

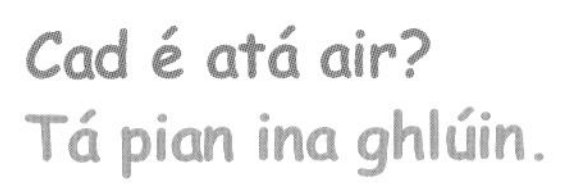

Cad é atá air?
Tá pian ina ghlúin.

8. Anois amharc ar na pictiúir thíos, cuir do mhéar ar 3 cinn agus cuir ceist ar do chara ranga :Cad é atá air/uirthi?

Tá roinnt abairtí le cuidiú leat.

(A)

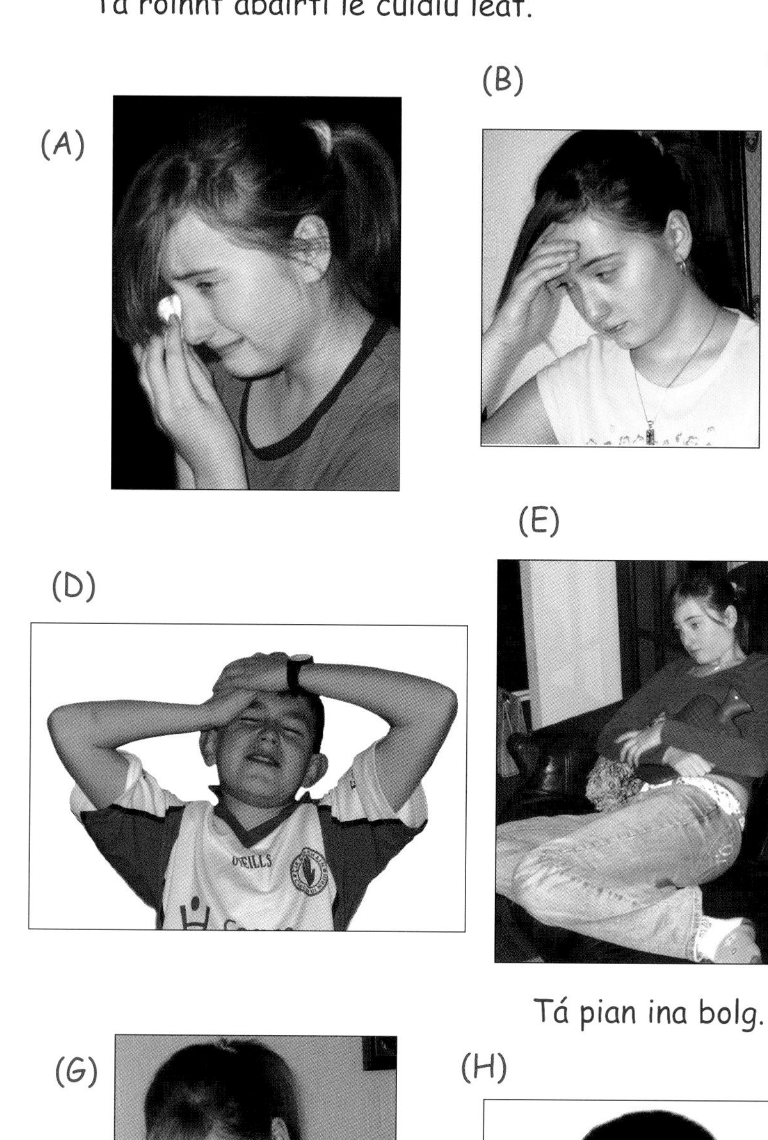

(B)

(C)

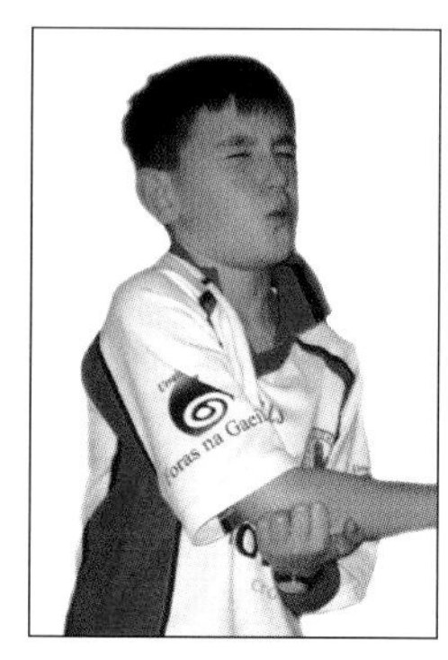

Tá pian ina sciathán.

(D)

(E)

Tá pian ina bolg.

(F)

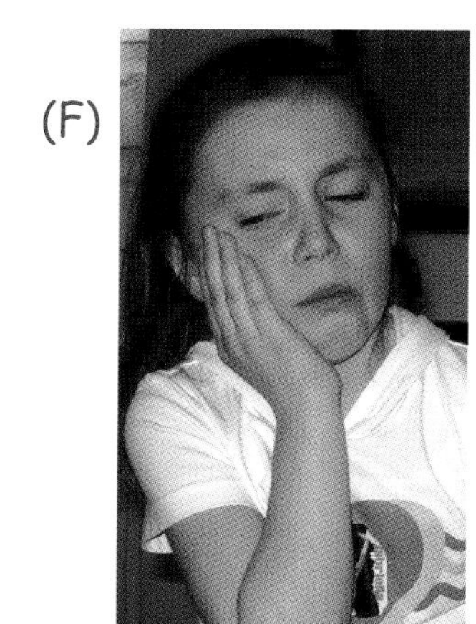

(G)

(H)

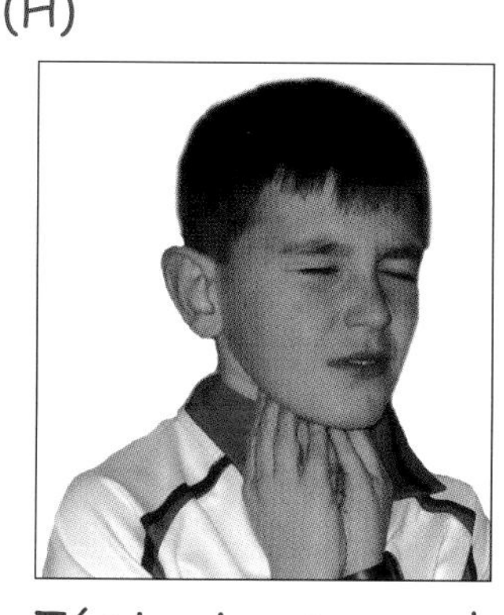

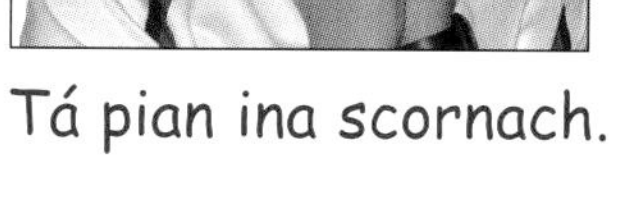

Tá pian ina scornach.

(I)

9. We also use the same pattern to express how people feel.

Seo roinnt samplaí duit.

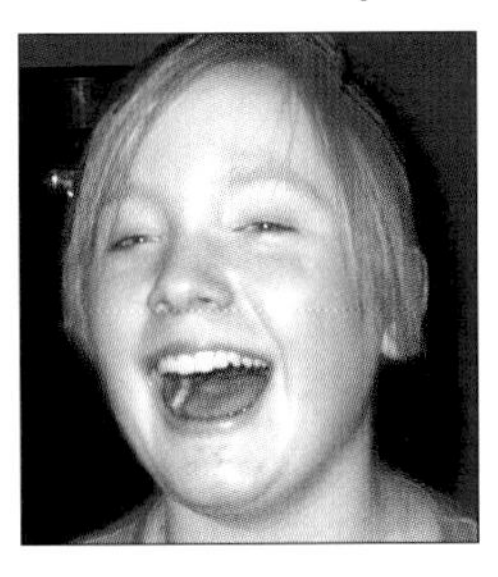

Cad é atá uirthi?
Tá athas uirthi.

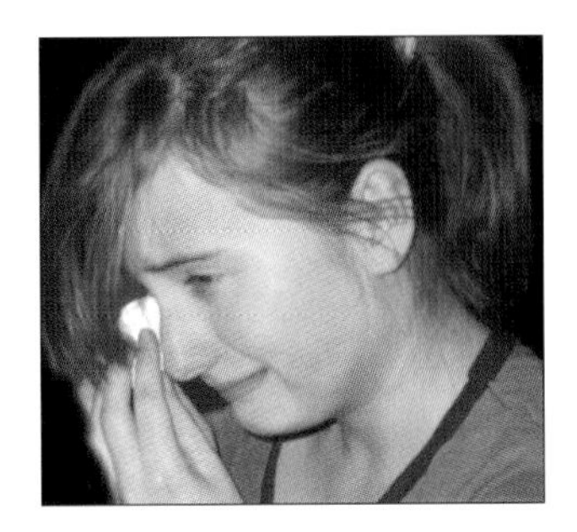

Cad é atá uirthi?
Tá brón uirthi.

Cad é atá air?
Tá ocras air.

Cad é atá uirthi?
Tá tart uirthi.

Cad é atá uirthi?
Tá tuirse uirthi.

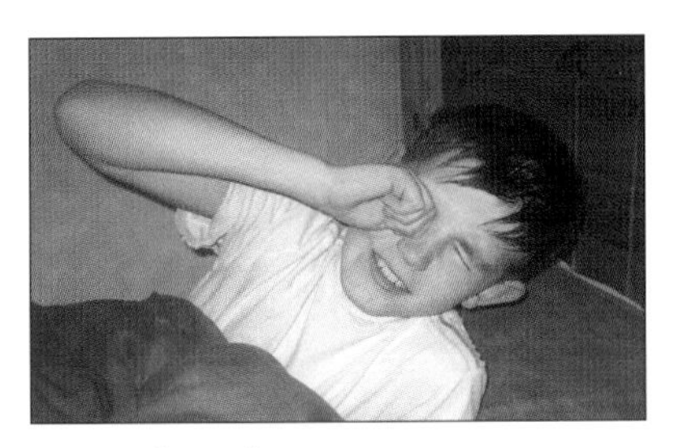

Cad é atá air?
Tá codladh air.

Cleacht na habairtí thíos le do mhúinteoir agus ansin foghlaim iad.

Tá áthas uirthi. **She is happy.**	Tá brón uirthi. **She is sad.**
Tá ocras air. **He is hungry.**	Tá tart uirthi. **She is thirsty.**
Tá tuirse uirthi. **She is tired.**	Tá codladh air. **He is sleepy.**

9. Seo tuilleadh samplaí duit.

Cad é atá uirthi?
Tá deifir uirthi.

Cad é atá uirthi?
Tá náire uirthi.

Cad é atá uirthi?
Tá iontas uirthi.

Cad é atá air?
Tá áthas air.

Cad é atá uirthi?
Tá imní uirthi.

Cad é atá uirthi?
Tá eagla uirthi.

Anois roghnaigh 3 phictiúr, cuir do mhéar orthu agus cuir an cheist "Cad é tá air/uirthi?" ar do chara ranga seo roinnt abairtí le cuidiú leat.

Tá deifir uirthi. **She is in a hurry.**	Tá náire uirthi. **She is ashamed.**
Tá iontas uirthi. **She is surprised.**	Tá áthas air. **He is happy.**
Tá imní uirthi. **She is worried.**	Tá eagla uirthi. **She is afraid.**

1. Amharc ar na pictiúir thíos agus ansin ceangail an abairt cheart le gach ceann acu ón bhosca ag bun an leathanaigh. Tá sampla déanta duit.

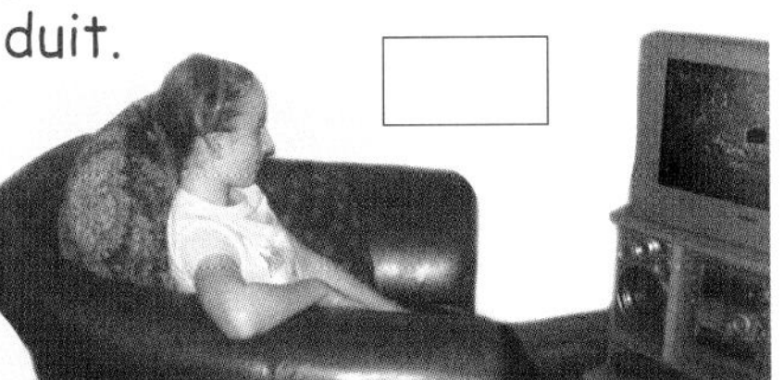

D

A. Rinne sé obair bhaile.
B. D'ith sí a bricfeasta.
C. Léigh sí leabhar.
D. D'imir sí líonpheil.
E. D'imir sé peil.
F. Chuaigh sé a shnámh.
G. Bhí sé ag foghlaim sa rang.
H. D'amharc sí ar an teilifís.
I. Dúirt sí a paidreacha.
J. D'éist sé le ceol.

2. Léigh an t-eolas thíos agus ansin cuir an t-am ceart sa bhosca taobh le gach pictiúr. Tá sampla déanta duit.

(a) D'fhág muid an teach ar deich i ndiaidh a naoi.
(b) D'ith mé lón sa bhialann ar ceathrú go dtí a haon.
(c) D'imir mé peil sa ghairdín ar leath indiaidh a dó.
(d) D'fhill muid abhaile ar ceathrú go dtí a ceathair.
(e) Rinne mé obair bhaile ar leath i ndiaidh a sé.
(f) D'amharc mé ar an teilifís ar a hocht a chlog.
(g) D'imir mé cluichí ríomhaire ar ceathrú i ndiaidh a naoi.
(h) Chuaigh mé a luí ar deich i ndiaidh a deich.

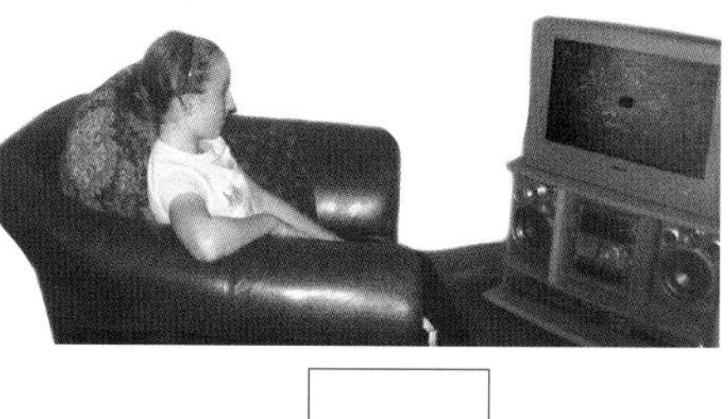

9.10

3. Aimsigh na focail/abairtí sa bhosca ag bun an leathanaigh sa mhogalra thíos. Tá samplaí déanta duit.

T	I	N	N	E	A	S	G	O	I	L	E	W	R	T	Y
U	I	A	S	D	F	G	D	S	G	R	A	E	F	H	E
I	U	N	R	W	Q	R	E	A	O	A	L	K	I	J	L
R	Z	Á	N	X	T	B	I	H	N	M	C	D	A	Q	I
S	A	I	R	E	R	T	F	T	Y	U	O	I	B	O	A
E	X	R	Z	V	A	S	I	Á	E	W	D	Y	H	G	C
T	R	E	Q	W	T	S	R	S	D	F	L	H	R	K	A
F	H	D	A	L	D	O	C	G	H	R	A	E	A	O	I
R	Z	X	D	A	S	Q	W	I	E	U	D	T	S	I	F
E	A	G	L	A	T	Y	U	I	N	O	H	X	Z	V	S
I	O	E	T	Y	R	W	Q	A	S	N	M	S	N	B	A
A	S	D	É	I	D	E	A	D	H	M	Y	A	O	P	E
E	R	T	I	O	W	Q	A	S	D	R	I	R	Y	U	N
D	Q	N	Á	D	H	G	A	L	S	Z	X	C	I	O	N
A	E	S	W	B	R	Ó	N	R	T	A	R	T	R	G	I
U	Y	R	O	I	S	A	Q	W	E	D	C	V	B	M	T

tinneas cinn	tinneas fiacaile	slaghdán
tinneas goile	fiabhras	déideadh
áthas	fearg	brón
ocras	tart	tuirse
codladh	eagla	deifir

4. Sa mhogalra thíos aimsigh na focail/abairtí a bhaineann le caitheamh aimsire sa bhosca ag bun an leathanaigh . Tá samplaí déanta duit.

I	O	M	Á	N	A	Í	O	C	H	T	**L**	Y	E
R	W	E	R	S	D	H	H	Í	T	**E**	U	O	R
O	L	O	M	N	B	X	A	Z	**A**	S	R	I	E
T	I	U	A	E	X	T	F	**D**	W	V	E	B	I
H	E	S	U	O	R	I	**Ó**	Q	Y	T	A	M	A
A	H	N	H	Á	J	**G**	R	Z	A	S	T	H	H
Í	P	Á	C	E	**T**	S	D	F	G	H	H	C	M
O	N	M	A	**H**	A	E	R	W	I	O	A	A	O
C	O	H	**Á**	H	I	W	S	Q	A	E	Í	L	Í
H	Í	**B**	Á	N	M	A	H	A	C	A	O	E	R
T	**L**	B	E	Y	E	U	E	I	E	O	C	A	Í
A	L	T	Y	A	D	E	O	A	I	U	H	H	H
A	R	E	W	Q	A	S	D	G	C	H	T	G	C
S	C	I	S	P	H	E	I	L	I	H	O	L	I
A	T	H	C	A	E	R	I	A	C	S	A	I	U
C	L	Á	R	S	C	Á	T	Á	I	L	U	E	L
X	C	V	B	G	N	H	R	E	Y	W	O	P	C
L	É	I	T	H	E	O	I	R	E	A	C	H	T

Iascaireacht	**Líonpheil**	**Snámh**	**Haca**
Iománaíocht	**Leadóg thábla**	**Clárscátáil**	
Peil ghaelach	**Cluichí ríomhaire**	**Cártaí**	
Rothaíocht	**Cispheil**	**Léitheoireacht**	

5. Amharc ar na pictiúir thíos agus ansin líon isteach na bearnaí sna habairtí faoi gach cheann acu.

Bhí na gasúir ag s _ _ nm ce_ _ l.

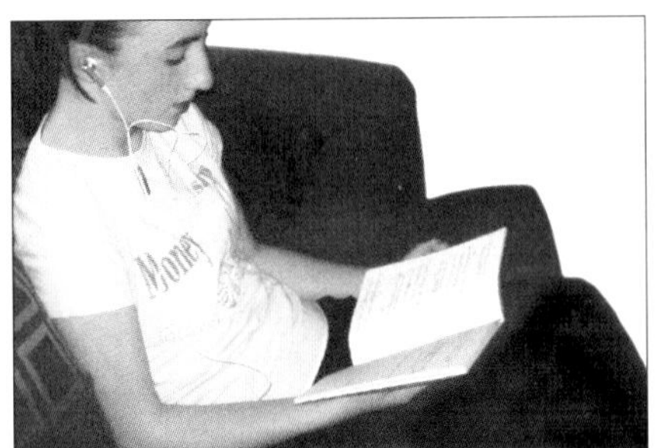

Bhí an ghiseach ag lé _ _ h.

Is maith leis an ghiseach an reatha_ _ _ ht.

Chuaigh Ciara ag ro_ _ aíocht Dé Sathairn.

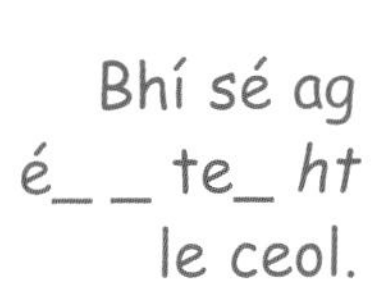

Bhí sé ag é_ _ te_ ht le ceol.

Bhí na girseacha ag d_ m _ sa.

Bhí Patrick ag imirt cl_ _ _ hí rí_ mh _ _ _ e.

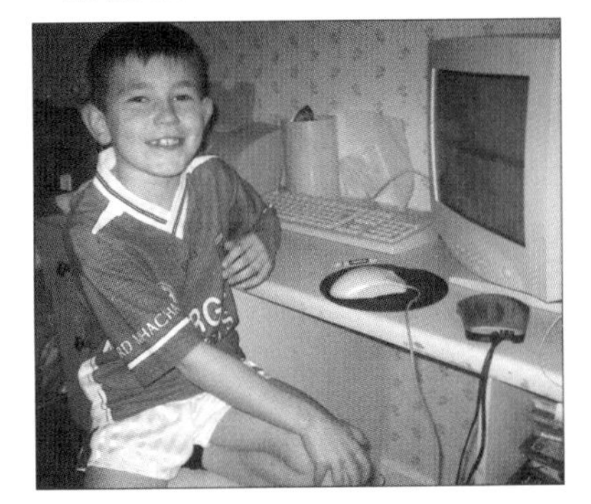

D'im _ _ Amy agus Ashlinn p _ _ l.

6. Amharc ar na cloig thíos agus scríobh an t-am faoi gach ceann acu. Tá sampla déanta duit.

Look at the clocks below and write the phrase of time under each one. An example has been done for you.

7. Amharc ar na pictiúir thíos agus scríobh an abairt chuí faoi gach ceann acu. Tá sampla déanta duit.

Look at the pictures and write the phrase that describes what he/she did. An example has been done for you.

D'amharc sí ar an teilifís.

8. Amharc ar na pictiúir thíos agus ansin scríobh freagra ar an cheist:
Cad é atá air/uirthi?

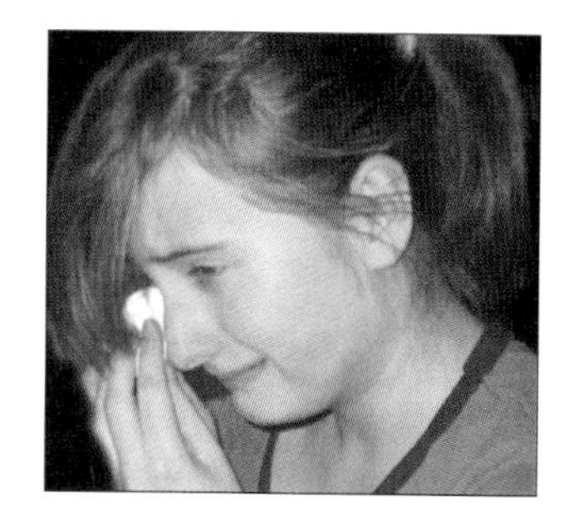

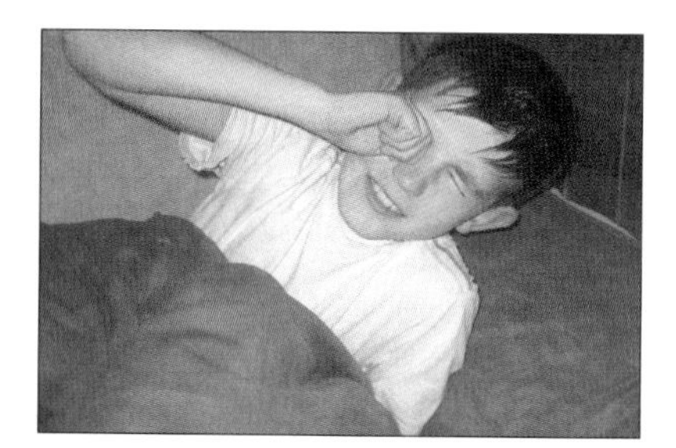

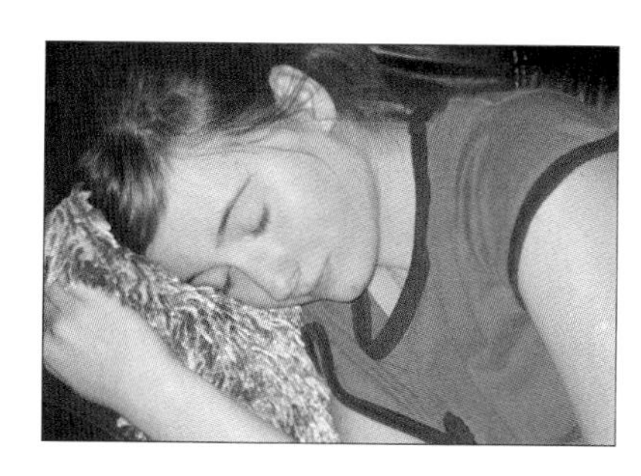

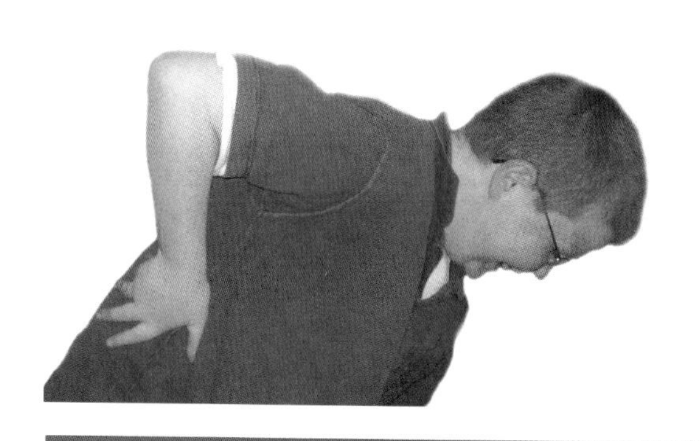

9. Amharc ar na pictiúir thíos agus scríobh 10 - 12 líne faoin dóigh ar chaith sí an deireadh seachtaine.

Look at the pictures below and then write 10-12 sentences about how she spent the weekend.

Oíche Dé hAoine

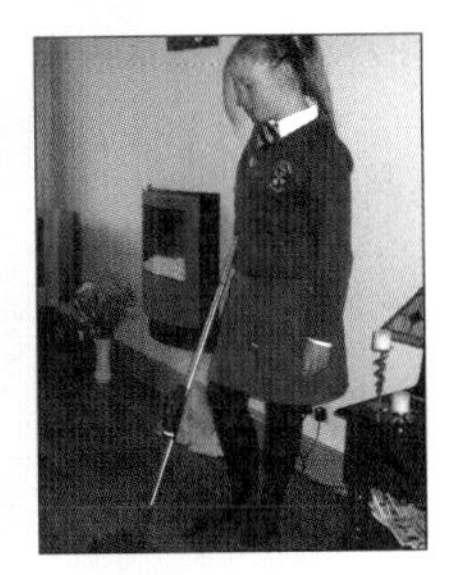

Maidin Dé Sathairn

Tráthnóna Dé Sathairn

Dé Domhnaigh

10. Amharc ar na pictiúir thíos agus scríobh 10- 12 líne faoin dóigh ar chaith sé an deireadh seachtaine.

Look at the pictures below and then write 10-12 sentences about how he spent the weekend.

Oíche Dé hAoine

Maidin Dé Sathairn

Tráthnóna Dé Sathairn

Dé Domhnaigh

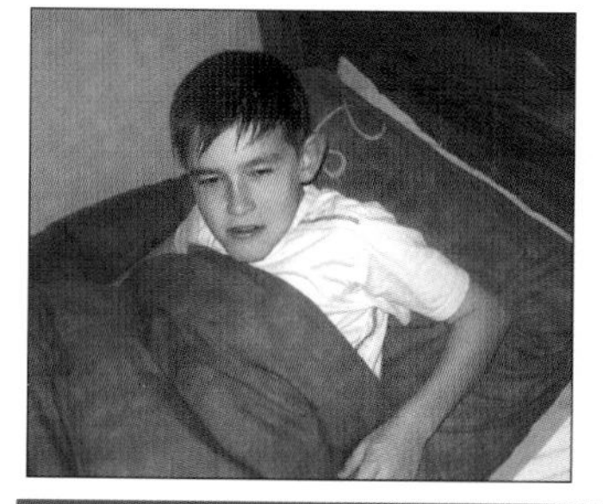
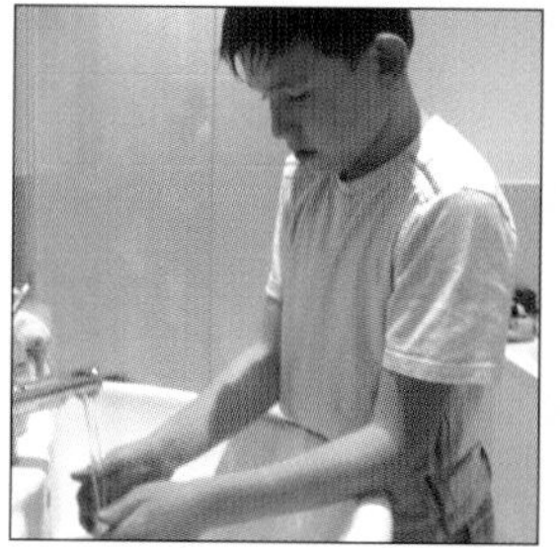

4. Éist leis na daoine seo ag caint agus ansin ceangail ainm an duine leis an phictiúr cheart.
Listen to these people and then link the name with the picture that shows what is wrong with them.
Tá sampla déanta duit.

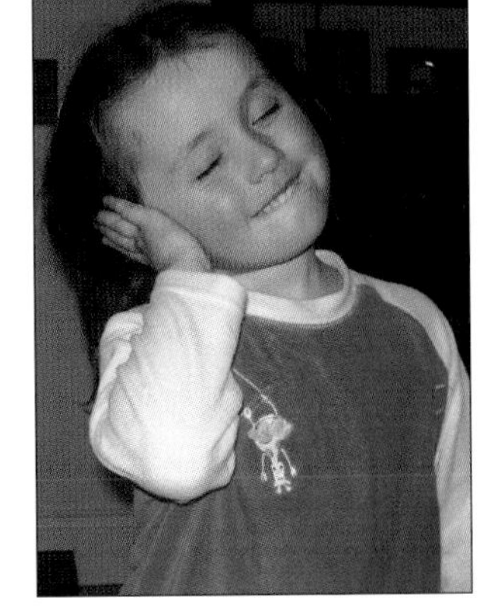

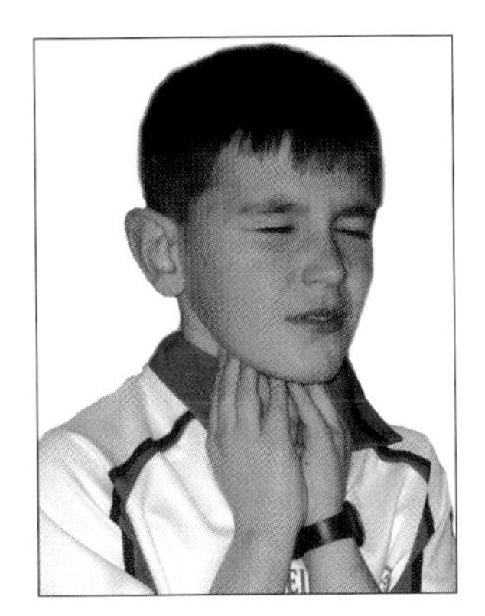

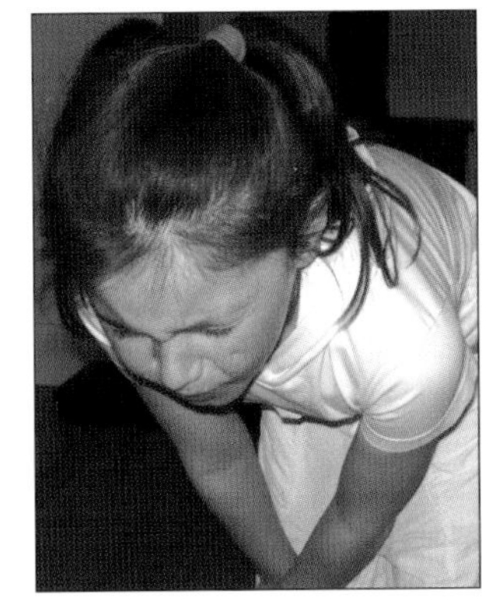

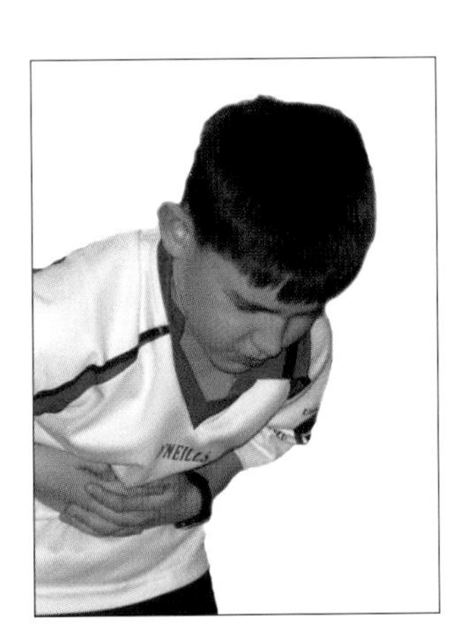

Johnny

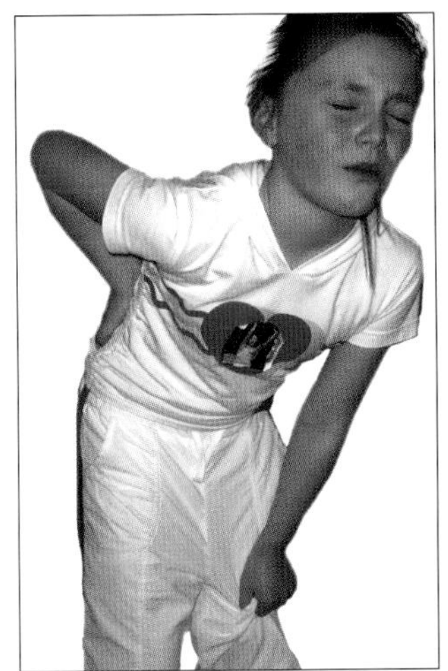

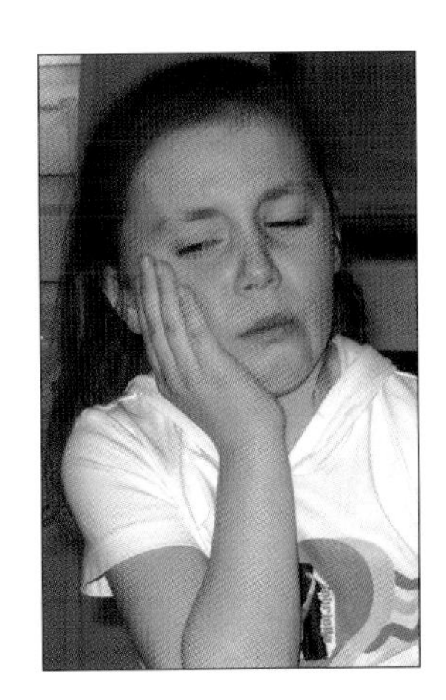

Aoibheann Tomás Síle Ciara Séamas Orla Colm Johnny.

5. Éist leis na daoine seo ag caint agus ansin cuir F (fíor) nó B (bréagach) taobh leis na ráitis thíos.
Listen to these people talking and put (F) in the text box beside any statement you think is true and (B) beside those which are not true.

Statement	
1. Áine is in a hurry.	F
2. Séamas is thirsty.	
3. My friend Úna is happy.	B
4. Liam is hungry.	
5. Síle is dancing because she is happy.	
6. Dónall is tired.	
7. My mum is cross because she is angry.	
8. Eoin's brother is worried.	
9. Eamonn is in bed because he has a cold.	
10. The baby is crying because he is hungry.	

In questions 1-5 (labhairt) we looked at talking about everyday events in the past tense. We noted the following patterns:
To ask the positive question *we usually place "Ar" before the verb and it aspirates consonants but removes d' from verbs beginning with a vowel or "fh".
To make a negative statement **we generally place "níor" before the verb. It aspirates consonants but also removes the d' from verbs beginning with a vowel or "fh".

* For 6 verbs the question form in the past begins with "an" and this eclipses the verb :

Bhí mé > An raibh tú?
Chonaic mé > An bhfaca tú?
Chuaigh me > An ndeachaigh tú?
Dúirt mé > An ndúirt tú?
Fuair mé > An bhfuair tú?
Rinne mé > An ndearna tú?

** For the same 6 verbs the negative statement in the past begins with "ní" but the verb is not always aspirated:

Bhí mé > Ní raibh mé.
Chonaic mé > Ní fhaca mé.
Chuaigh mé > Ní dheachaigh mé.
Dúirt mé > Ní dúirt mé.
Fuair mé > Ní bhfuair mé.
Rinne mé > Ní dhearna mé.

Cleachtadh a hAon
Athscríobh na samplaí thíos ag cur na ceiste. Tá samplaí déanta duit.

Samplaí :

D'éirigh mé ar maidin ar a hocht
Ar éirigh tú ar maidin ar a hocht?

Chonaic sí Eastenders ar an teilifís aréir.
An bhfaca sí Eastenders ar an teilifís aréir?

Cleachtadh a hAon

1. Chuir mé orm mo chuid éadaí ar deich go dtí a hocht.
2. D'fhág mé an teach ar cheathrú i ndiaidh a hocht.
3. Tháinig me abhaile ón scoil ar an bhus.
4. D'imir mé peil ag am lóin.
5. Fuair mé airgead póca Dé hAoine.
6. Rinne mé obair bhaile oíche De Domhnaigh.
7. Bhí me ag siopadóireacht Dé Sathairn.
8. Chuaigh mé chuig an phictiúrlann aréir.
9. D'ól mé cupán tae don bhricfeasta.

Cleachtadh a dó
Athscríobh na samplaí thíos le ráiteas diúltach. Tá samplaí déanta duit.

Samplaí :
Chuir mé orm mo chuid éadaí ar leath i ndiaidh a seacht. Níor chuir mé orm mo chuid éadaí ar leath i ndiaidh a seacht.
D'éist mé leis an raidió ar maidin. Níor éist mé leis an raidió ar maidin.
Chuaigh mé ar scoil ar an bhus. Ní dheachaigh mé ar scoil ar an bhus.

1. D'amharc Séamas ar an teilifís aréir.
2. Rinne mo mhamaí an dinnéar ar a sé a chlog.
3. Fuair athair Sheáin carr nua.
4. Bhí Nóra ag foghlaim sa seomra ranga.
5. Chuaigh Beth ar scoil sa charr.
6. Mhúscail Johnny ar a seacht.
7. D'éirigh mo dhaidí ar a sé a chlog.
8. Dúirt Niamh paidreacha ar maidin.
9. D'ith mé mo lón sa bhialann.

Cleachtadh a trí

Athscríobh na samplaí thíos ag cur na ceiste "Cén t-am?" roimh gach cheann acu.
Tá samplaí déanta duit.

D'amharc Amy ar an teilifís aréir.
Cén t-am ar amharc Amy ar an teilifís aréir?

Chuaigh Christopher ar scoil ar an bhus.
Cén t-am a ndeachaigh Christopher ar scoil?

1. D'ith Liam a dhinnéar sa bhaile.
2. D'imir na gasúir peil sa chlós.
3. Fuair mé airgead póca oíche Aoine.
4. Chuaigh mo mhamaí go Baile Átha Cliath Dé Sathairn.
5. Bhí Pól ag snamh inné.
6. Mhúscail Liam go luath ar maidin.
7. Cheannaigh Sinéad cóta nua.
8. Rinne Úna obair bhaile aréir.
9. Chonaic mé "The Simpsons" sa phictiúrlann Dé Domhnaigh.

2. In questions 9 and 10 of this unit we looked at ways of expressing feelings and communicating to others what was wrong in response to the questions :

"Cad é atá ort /air /uirthi?"

The Réamhfhocal "ar" (preposition "on") is needed to communicate the information and the part of the preposition required changes according to who is being talked about.
When I am the subject we use "orm".

Sampla: Tá ocras /tart orm (I am hungry/thirsty).

When "You" are the subject we use "Ort" :
Sampla : Tá tuirse ort (You are tired).

When "he" is the subject we use "air"
Sampla : An bhfuil tinneas cinn air?

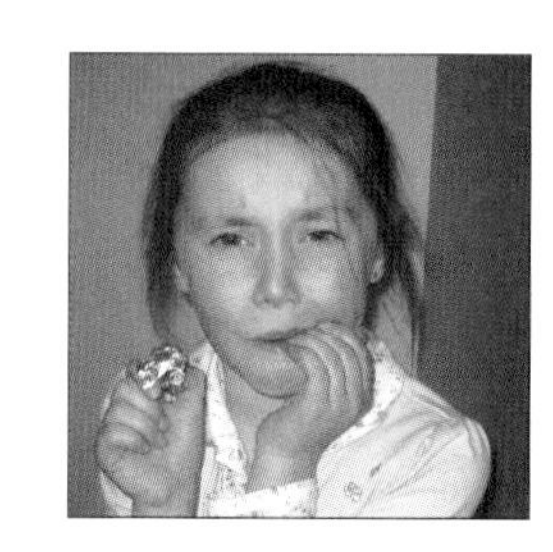

When "she" is the subject we use "uirthi"
Sampla : Níl tinneas fiacaile uirthi.

When "we" are the subject we use "orainn"
Sampla : Tá áthas orainn.

When "you pl" are the subject we use "oraibh"
Sampla : An bhfuil tart oraibh?

When "they" are the subject we use "orthu"
Sampla : Níl deifir orthu.

Anois cleacht le do mhúinteoir iad agus ansin foghlaim iad.

Orm	on me	Orainn	on us
Ort	on you	Oraibh	on you (pl)
Air	on him	Orthu	on them
Uirthi	on her		

Cleachtadh a ceathair.

Cuir an cheist i gcás gach ceann de na habairtí thíos. Ta sampla déanta duit.

Samplaí: Níl ocras orm — An bhfuil ocras ort?
: Tá tuirse uirthi — An bhfuil tuirse uirthi?

1. Tá tart air.
2. Níl iontas uirthi.
3. Tá deifir orm.
4. Níl eagla orainn.
5. Tá náire ar an ghirseach.
6. Níl fearg ar an ghasúr.
7. Tá tuirse orm.
8. Níl tinneas cinn air.
9. Tá an déideadh orm.
10. Tá imní orainn.

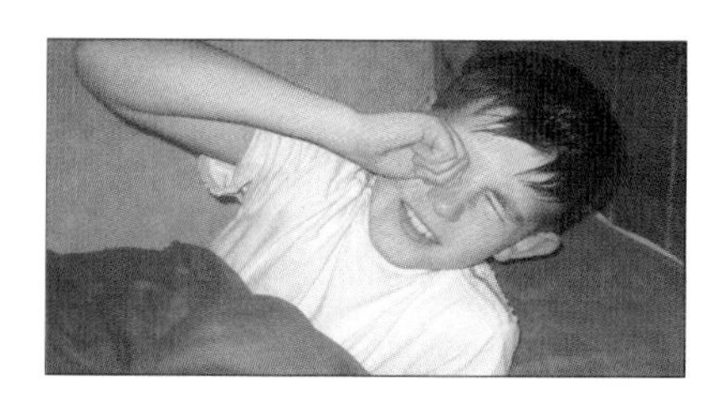

Liosta Focal

1. Briathra Coitianta	Common Verbs
* Bhí mé ar scoil inné	I was at school yesterday
Chuir mé orm mo chuid éadaí	I got dressed
*Chonaic mé mo chairde	I saw my friends
* Chuaigh mé a luí	I went to bed
Chuala mé ceol ar an raidió	I heard music on the radio
D'amharc mé ar an teilifís	I watched T.V.
D'éirigh mé ar maidin	I got up in the morning
D'éist mé le ceol	I listened to music
*Dúirt mé mo phaidreacha	I said my prayers
D'fhág mé an teach	I left the house
D'fhoghlaim mé sa seomra ranga	I learned in the classroom
D'fhill mé abhaile ón scoil	I returned home from school
D'imir mé peil	I played football
D'ith mé mo bhricfeasta	I ate my breakfast
D'ól mé cupán tae	I drank a cup of tea
*Fuair mé airgead póca	I got pocket money
Mhúscail mé ar maidin	I wakened in the morning
Nigh mé mé féin	I washed myself
*Rinne mé obair bhaile	I did homework
Shnámh mé sa tsólann	I swam in the leisure centre
Tháinig mé abhaile ón scoil	I came home from school

2. Tinneas	Illness
Cad é atá air?	What is wrong with him?
Cad é atá ort?	What is wrong with you?
Cad é atá uirthi?	What is wrong with her?
Tá an déideadh orm.	I have toothache.
Tá an fliú orm.	I have the flu.
Tá caol mo láimhe briste.	My wrist is broken
Tá fiabhras orm.	I have a fever/temperature.

Tá mo chos briste	My leg/foot is broken
Tá mo sciathán briste	My arm is broken
Tá mo dhroim nimhneach	My back is sore
Tá mo ghlúin nimhneach	My knee is sore
Tá mo scornach nimhneach	My throat is sore
Tá pian i mo bholg/ghoile	I have a pain in my stomach
Tá pian i mo chluas	I have earache
Tá pian i mo dhroim	I have a pain in my back
Tá slaghdán orm	I Have a cold
Tá tinneas cinn orm	I have a headache
Tá tinneas fiacaile orm	I have toothache
Tá tinneas goile orm	I have a sore stomach

3. Mothúcháin — Feelings

Tá áthas orm	I am happy
Tá brón orm	I am sad
Tá codladh orm	I am sleepy
Tá deifir orm	I am in a hurry
Tá eagla orm	I am afraid
Tá fearg orm	I am angry
Tá imní orm	I am worried
Tá iontas orm	I am surprised
Tá náire orm	I am ashamed
Tá ocras orm	I am hungry
Tá tart orm	I am thirsty
Tá tuirse orm	I am tired.

4. An Réamhfhocal "Ar" — The preposition "on"

Orm	on me
Ort	on you
Air	on him
Uirthi	on her
Orainn	on us
Oraibh	on you (pl)
Orthu	on them

5. Ag déanamh rudaí	Doing things
Ag amharc ar an teilifís	watching T.V.
Ag cur orm mo chuid éadaí	putting on my clothes
Ag damhsa	dancing
Ag déanamh obair bhaile	doing homework
Ag déanamh obair tí	doing housework
Ag dul ar scoil	going to school
Ag dul a luí	going to bed
Ag éirí	getting up
Ag éisteacht le ceol	listening to music
Ag fágáil an tí	leaving the house
Ag filleadh abhaile	returning home
Ag foghlaim sa seomra ranga	learning in the classroom
Ag ithe lóin/dinnéir	eating lunch/dinner
Ag imirt cispheile	playing basketball
Ag imirt cluichí ríomhaire	playing computer games
Ag imirt líonpheile	playing netball
Ag imirt peile	playing football
Ag iomáint	hurling
Ag léamh	reading
Do mo ní féin	washing myself
Ag rothaíocht	cycling
Ag rá paidreacha	saying prayers
Ag seinm ceoil	Playing music (instrument)
Ag siopadóireacht	shopping
Ag snámh	swimming
Ag teacht abhaile	coming home

Irish Place Names (Logainmneacha) : Cuid a Dó.

- Many place-names contain references to geographical features such as **An Srath Bán** (Strabane, Co. Tyrone) "the white river", which has become Strabane in English.

- Mullaghbawn in Co. Armagh comes from Irish **An Mullach Bán** "the white hilltop, Mullaghglass in Co. Armagh from Irish **An Mullach Glas** "the green hilltop" and Mulladuff in Co Donegal from **Mullach Dubh** "black hilltop". **An Mullach Mór** (Mullaghmore, Co.Sligo) is a further example, translating as "the big hilltop"

- Gola Island in Donegal is known in Irish as **Gabhla** "place of the fork". There are two high hills on the island separated by low-lying land and this could be the "fork".

- The Irish word **cnoc** "hill" is found in a large number of place-names. It is generally anglicised as Knock. Among the many place-names featuring this name are **Cnoc na gCoiníní** "the hill of the rabbits", Knocknagoney near Holywood in Co. Down and **Cnoc Leithid** "the hill of the slope" is the origin of the name of the mountain Knocklayd near Ballycastle in Co. Antrim. **Coláiste Mhuire agus Phádraig, An Cnoc** (Our Lady's and St. Patrick's College, Knock) is yet another example.

- Some place-names refer to people - For example, Carrickfergus in Co. Antrim derives from Irish Carraig Fheargais "Fergus's Rock", Cloghaneely in the Donegal Gaeltacht comes from Cloich Chionnaola "Cionnaola's stone" and Magherafelt in Co. Derry is a derivative of Irish Machaire Fíolta "Fíolta's plain". Inishowen in Co. Donegal derives from Inis Eoghain "Eoghan's peninsula". This same Eoghan's name is preserved in Tír Eoghain, as his descendants eventually took over Co Tyrone and part of Co Derry.

- One of Niall Naoighiallach's other sons, Conall, gave his name to Tír Chonaill "the land of Conall" which is the form native Irish speakers in Donegal frequently use to refer to their county. The form Donegal itself derives from Dún na nGall "the fort of the foreigners" - perhaps the Vikings who were known to be in the area around Donegal Bay in the ninth century.

Briathar	Ráiteas déarfach	Ceist dhéarfach	Ceist dhiúltach	Ainm briathartha
1.* Abair : to say	Dúirt mé	An ndúirt tú?	Ní dúirt mé	Ag rá paidreacha
2.* Bí : to be	Bhí mé	An raibh tú?	Ní raibh mé	A bheith
3. Ceannaigh To buy	Cheannaigh mé	Ar cheannaigh tú ?	Níor cheannaigh mé	Ag ceannach
4. Cluin : to hear	Chuala mé	Ar chuala tú ?	Níor chuala mé	Ag cluinstin
5. Cuir (ar éadaí) : to dress	Chuir mé orm m'éadaí	Ar chuir tú ort d'éadaí?	Níor chuir mé orm m'éadaí	Ag cur orm m'éadaí
6.* Déan : to do/to make	Rinne mé	An ndéarna tú?	Ní dhéarna mé	Ag déanamh
7. Éist(le): to listen(to)	D'éist mé le ceol	Ar éist tú le ceol?	Níor éist mé le ceol	Ag éisteacht le ceol
8. Éirigh : to get up	D'éirigh mé	Ar éirigh tú?	Níor éirigh mé	Ag éirí
9. Fág : to leave	D'fhág mé an teach	Ar fhág tú an teach?	Níor fhág mé an teach	Ag fágáil an tí
10.* Faigh : to get	Fuair mé	An bhfuair tú?	Ní bhfuair mé	Ag fáil
11* Feic : to see	Chonaic mé	An bhfaca tú?	Ní fhaca mé	Ag feiceáil
12. Imir : to play	D'imir mé	Ar imir tú?	Níor imir mé	Ag imirt
13. Ith : to eat	D'ith mé	Ar ith tú?	Níor ith mé	Ag ithe
14. Múscail : to waken	Mhúscail mé	Ar mhúscail tú?	Níor mhúscail mé	Ag múscailt
15. Nigh : to wash	Nigh mé mé féin	Ar nigh tú tú féin?	Níor nigh mé mé féin	Do mo ní féin
16. Ól : to drink	D'ól mé	Ar ól tú?	Níor ól mé	Ag ól
17. Snámh: to swim	Shnámh mé	Ar shnámh tú?	Níor shnámh mé	Ag snámh
18. Tar (abhaile) : to come home	Tháinig mé abhaile	Ar tháinig tú abhaile?	Níor tháinig mé abhaile	Ag teacht abhaile
19.* Téigh (a luí) : to go to bed	Chuaigh mé a luí	An ndeachaigh tú a luí?	Ní dheachaigh mé a luí	Ag dul a luí
20. Tabhair : to give	Thug mé	Ar thug tú?	Níor thug mé	Ag tabhairt

Aonad a Cúig: Bia/Béilí/ Siopadóireacht.

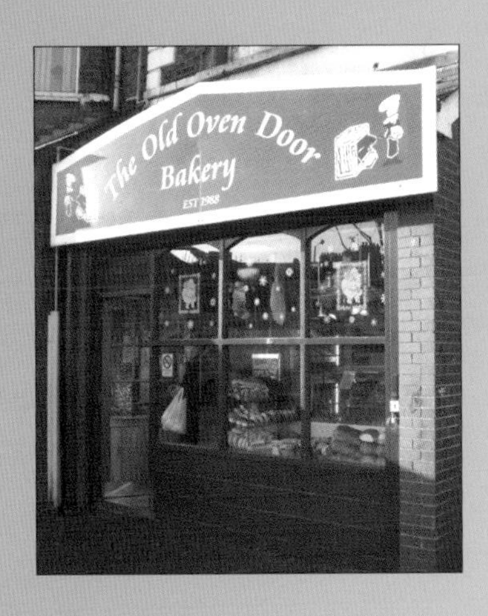

In this unit you will learn to

- Talk about meals and food.
- Understand simple questions about what you ate for breakfast, lunch and dinner.
- Give basic details about the meals you eat and at what times.
- Talk about food preferences.
- Understand and respond to others/ ask others about their favourite foods/meals.
- Talk about the price of basic food items.
- Discuss basic food items sold in supermarket, Fruit and Vegetable shop, Butcher's and Bakery.
- Read and respond to short menus, shop notices containing similar information.

At the end of the unit you should be able to

- Count money.
- Give and request information of others about their favourite foods.
- Express simple views /preferences about various meals/types of food.
- Work with other pupils to complete simple role plays /carry out teacher's instructions.
- Interpret simple menus/ price lists.
- Complete with an acceptable level of accuracy simple writing/IT based tasks.

To help achieve the best possible progress you should

- Use opportunities to work with another pupil.
- Learn the key vocabulary and phrases identified in the learning boxes.
- Record your oral answers on your MP3 player/ipod.
- Review and correct with care all pieces of written work.
- Set yourself a few specific learning targets every week.

We will begin by learning to identify basic foods in response to the question :
"Cad é sin?"

1. Seo thíos bianna a ithimid/ólaimid don bhricfeasta. Gabh siar orthu le do mhúinteoir agus ansin cleacht le do chara ranga iad.
Below are foods associated with breakfast. Review them with your teacher and then practice using them with another pupil.

Calóga Árbhair · Brachán · Tae · Arán na Fraince · Subh · Subh Oráiste · Sú úll · Caife · Muiceoil · Uibheacha · Ispíní

Anois cuir do mhéar ar 3 bhia agus cuir ceist ar do chara ranga
Cad é Sin?
Seo tuilleadh samplaí. Cleacht le do mhúinteoir iad.

Arán donn	brown bread	Arán Rósta	toast
Bainne	milk	Seacláid te	hot chocolate
Ubh bhruite	a boiled egg	Ubh scallta	poached egg
Ubh scrofa	Scrambled egg	Uibheagán	an omelette

2. Seo thíos roinnt rudaí a ithimid/ólaimid don lón. Gabh siar orthu le do mhúinteoir agus ansin cleacht le do chara ranga iad.

Below are foods associated with lunch. Review them with your teacher and then practice using them with another pupil.

Anois cuir do mhéar ar 3 bhia a itheann tú don lón agus cuir ceist ar do chara ranga:

Cad é Sin?

Seo tuilleadh samplaí. Cleacht le do mhúinteoir iad.

Anraith glasraí Vegetable soup	Anraith trátaí Tomato soup
Borgaire cáise Cheese burger	Bonnóg Scone
Ceapairí cáise Cheese sandwiches	Ceapairí sicín Chicken sandwiches

3. Seo thíos roinnt bianna a ithimid don dinnéar. Gabh siar orthu le do mhúinteoir agus ansin cleacht le do chara ranga iad.

Below are foods associated with dinner. Review them with your teacher and then practise using them with another pupil.

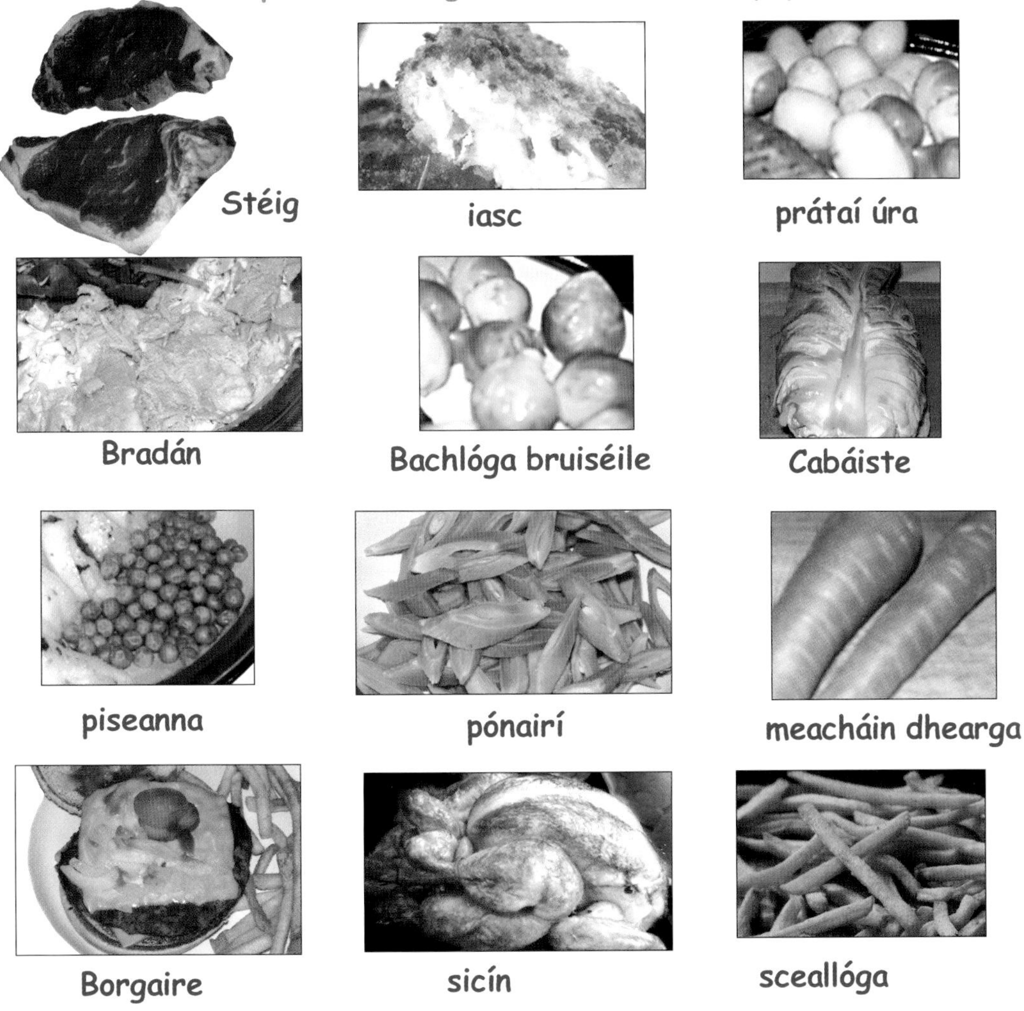

Stéig | iasc | prátaí úra

Bradán | Bachlóga bruiséile | Cabáiste

piseanna | pónairí | meacháin dhearga

Borgaire | sicín | sceallóga

Anois cuir do mhéar ar 3 bhia a itheann tú don dinnéar agus cuir ceist ar do chara ranga:

Cad é Sin?

Seo tuilleadh samplaí. Cleacht le do mhúinteoir iad.

beacáin	mushrooms	breac	trout
ciste	gateau	císte cáise	cheese cake
glasraí	vegetables	milseog	dessert
toirtín úll	apple tart	traidhfil	trifle
uachtar	cream	uachtar reoite	ice cream

4. To ask what someone ate for breakfast/lunch/dinner we say:

Cad é a d'ith tú don bhricfeasta?

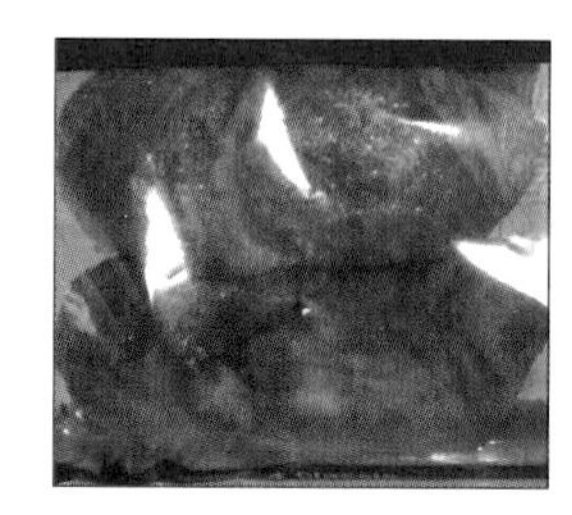

D'ith mé calóga árbhair agus arán na Fraince agus d'ól mé sú úll.

Cad é a d'ith tú don lón?

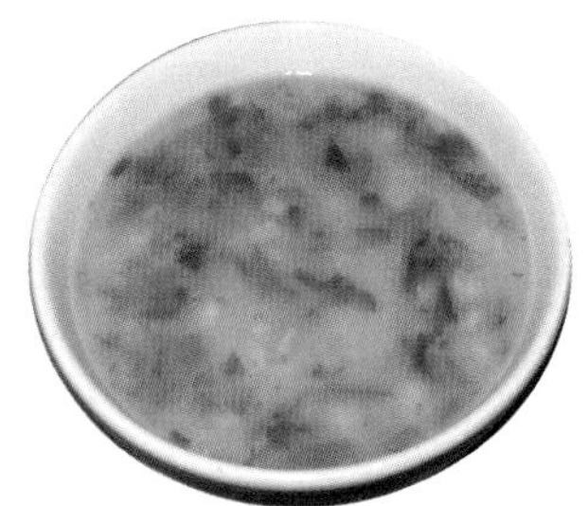

D'ith mé ceapaire agus úll agus d'ól mé anraith glasraí.

Cad é a d'ith tú don dinnéar?

D'ith mé iasc, piseanna, coilís agus prátaí agus d'ól mé uisce.

Anois cuir na ceisteanna thuas ar do chara ranga agus freagair na ceisteanna chomh maith.

5. To ask if someone likes a certain food we say :
"An maith leat.........?
Seo roinnt samplaí duit :
An maith leat feoil?

Is maith liom feoil.

Is fuath liom feoil.

Ní ithim feoil ach is maith liom iasc.

An maith leat glasraí?
Is maith liom coilís
ach ní maith liom cabáiste.

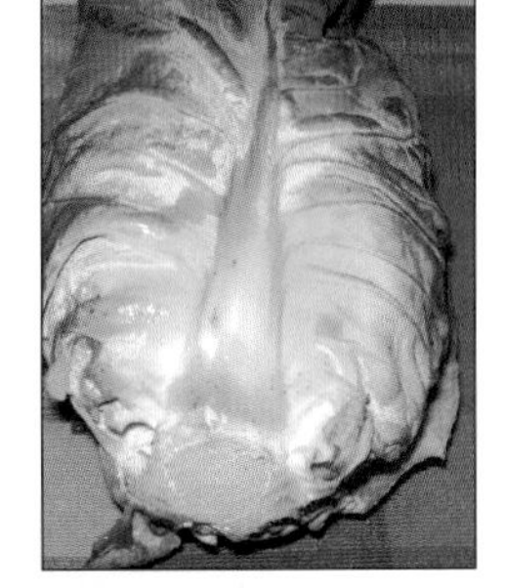

Is fuath liom glasraí

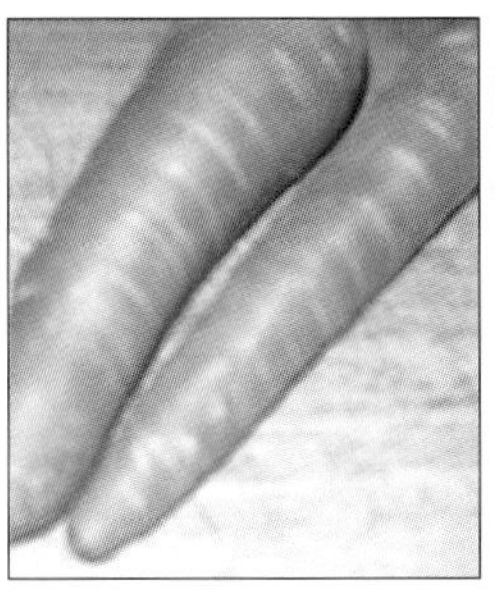

Ní ithim meacáin dhearga
ach is maith liom beacáin.

Anois gabh siar go dtí ceisteanna 2-4, roghnaigh cúpla bia agus cuir an cheist thuas ar do chara ranga.

6. To ask someone which food he/she prefers we say:

Cé acu is fearr leat?

Seo roinnt samplaí duit:

Cé acu is fearr leat tae nó bainne?

Is fearr liom bainne.

Cé acu is fearr leat arán rósta nó arán donn?

Is fearr liom arán rósta.

Cé acu is fearr leat ceapairí nó anraith?

Is fearr liom anraith.

Cé acu is fearr leat toirtín úll nó torthaí úra?

Is fearr liom toirtín úll.

Anois amharc ar na bianna thíos, cuir do mhéar ar 3 cinn agus cuir ceist ar do chara ranga " Cé acu is fearr leat.....nó......?

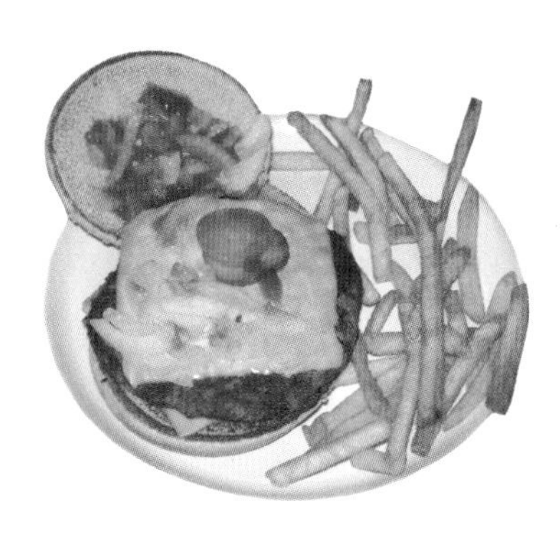

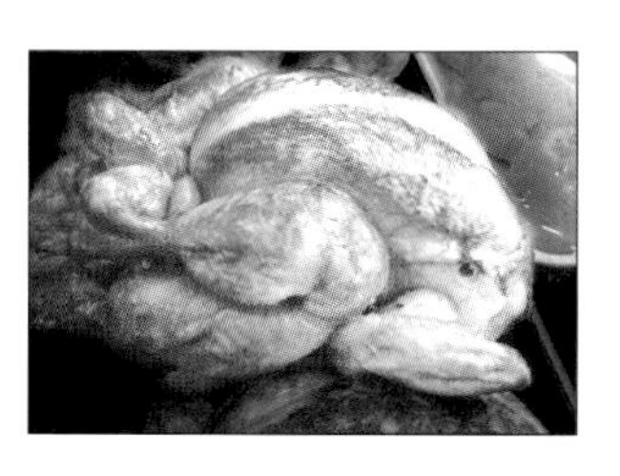

7. Below are some phrases we use when we are having a meal with others.

Cleacht le do mhúinteoir iad agus ansin foghlaim iad.

(a) To ask someone to pass you the milk/bread/ butter/jam etc we say:

Cuir chugam an bainne le do thoil.

Cuir chugam an t-arán le do thoil.

Cuir chugam an t-im le do thoil.

Cuir chugam an tsubh le do thoil.

(b) To ask for more potatoes/tea/ vegetables etc we say:

Ba mhaith liom tuilleadh prátaí le do thoil.

Ba mhaith liom tuilleadh tae le do thoil.

Ba mhaith liom tuilleadh glasraí le do thoil.

Anois cleacht na habairtí thuas le do chara ranga agus iarr cúpla rud eile de do chuid féin!

8. Below are some phrases we use when we are having a meal/ in a restaurant.

Cleacht le do mhúinteoir iad agus ansin foghlaim iad.

(a) To ask someone to see the menu we say:

Ba mhaith liom an biachlár a fheiceáil, le do thoil.

The Bellevue Arms

Function Menu

Soup Of The Day
Served with Freshly Flavoured Bread

Garlic Mushrooms
Coated in Spicy Breadcrumbs, served with Garlic Dip

Hot Kickin' Chicken
Strips of Chicken coated in Breadcrumbs with a Sweet Chilli Dip

------

Roast Silverside of Beef
Topped with Chef's Gravy

Roast Breast of Stuffed Chicken
Wrapped in Maple Bacon and Coated in Chef's Gravy

Deep Fried Breaded Scampi
Served with Crisp Salad and Marie-Rose Sauce

(b) To ask the waiter/waitress what the soup/day's special is we say:

Cad é atá agat mar anraith an lae?

Cad é atá agat mar phláta an lae?

(c) To ask the waiter/waitress if they have sandwiches /chicken/fish etc we say:

An bhfuil ceapairí/sicín/iasc/agat?

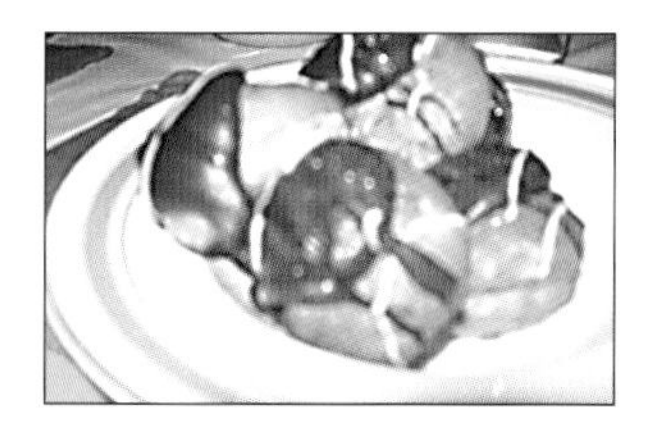

(d) To ask the waiter/waitress what there is for dessert we say:

Cad é atá ann don mhilseog?

(e) To ask the waiter/waitress for the bill we say:

Tabhair dom an bille, le do thoil.

Anois cleacht na habairtí thuas le do chara ranga agus cuir cúpla ceist eile de do chuid féin!

9. Below are some phrases we use to explain that we don't eat or take certain foods.

Cleacht le do mhúinteoir iad agus ansin foghlaim iad.

Ní ithim feoil, go raibh maith agat.

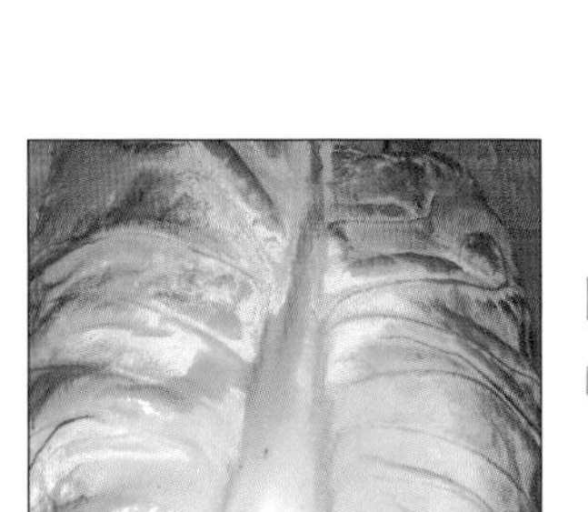

Ní ithim cabáiste, go raibh maith agat.

Ní ólaim tae, go raibh maith agat ach ba mhaith liom gloine uisce.

Ní ithim arán geal ach is maith liom arán donn.

10. Below are some phrases we use to thank someone/say that we enjoyed a meal.

Cleacht le do mhúinteoir iad agus ansin foghlaim iad.

Bhí sin iontach blasta, **(very tasty)** go raibh maith agat.

Bhí an béile sin galánta, **(that meal was lovely)** go raibh maith agat.

Thaitin an béile sin go mór liom, go raibh maith agat. **(I really enjoyed that meal)**

1. Una is writing down her shopping list as her mother calls it out.
   Éist leis an chomhrá agus ansin cuir tic sa bhosca taobh leis na rudaí a bhí ar liosta Úna (8 rud).
   Tick the items below which are on Una's shopping list.

2. Three pupils discuss what they had to eat at the School Breakfast Club.
Éist leo agus ansin freagair na ceisteanna/roghnaigh an freagra ceart.
Listen to them and answer the questions/choose the correct options below.
A. Cuir fáinne thart ar 2 rud a bhí ag Bríd don bhricfeasta.

B. Dúirt Brian go raibh
- Tuirse mhór air
- Tart mór air
- Ocras mór air.

C. Cad é a d'ól sé? Cuir fáinnne thart ar an phictiúr ceart.

D. Níor ith Síle bricfeasta mar bhí
- Tinneas cinn
- Tinneas goile
- Slaghdán
- Tinneas fiacaile uirthi.

3. Glacann beirt páirt i suirbhé scoile faoi na bianna is maith agus nach maith leo a ithe sa bhialann. Éist leis an chomhrá agus ansin cuir tic leis na rudaí is maith le Liam agus Gemma agus leis na rudaí nach maith leo.
Listen to the survey about canteen food and tick the food items that Liam and Gemma say they like. Put an X beside those that they say they do not like.

LIAM

MARKS & SPENCER
2 BAKED POTATOES
made with Marks & Spencer mature cheddar cheese
oven bake in 25 mins
serves 2

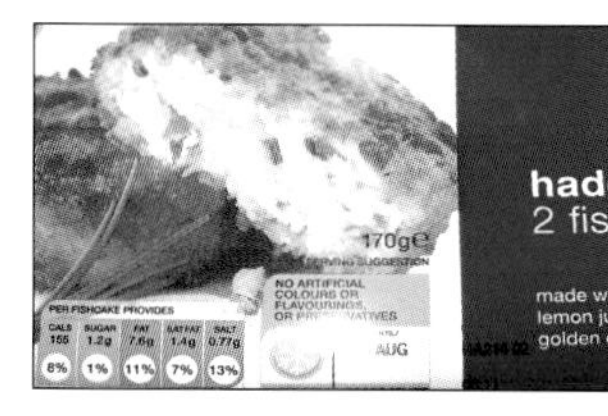
hadd
2 fish
170g

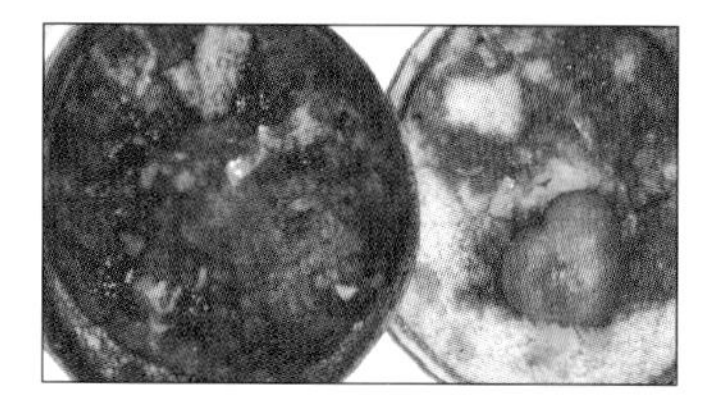

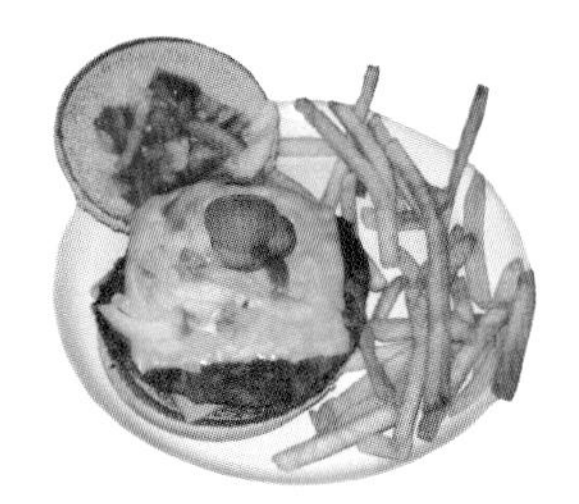

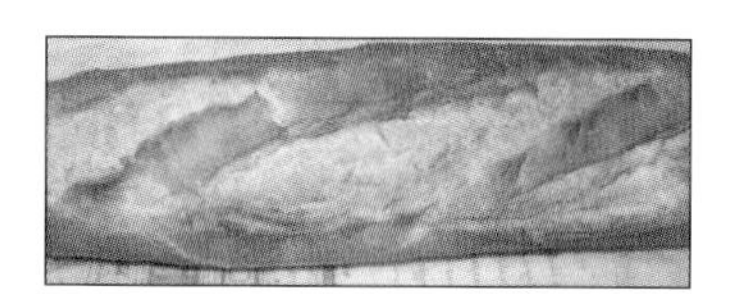

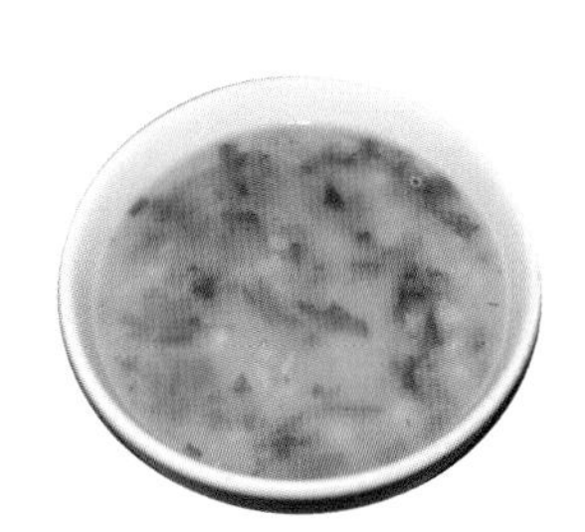

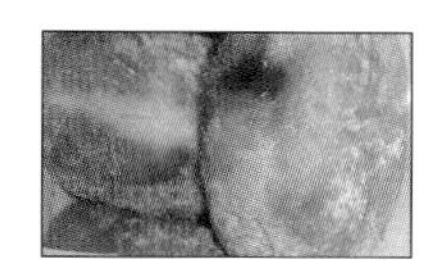

GEMMA

MARKS & SPENCER
2 BAKED POTATOES
made with Marks & Spencer mature cheddar cheese
oven bake in 25 mins
serves 2

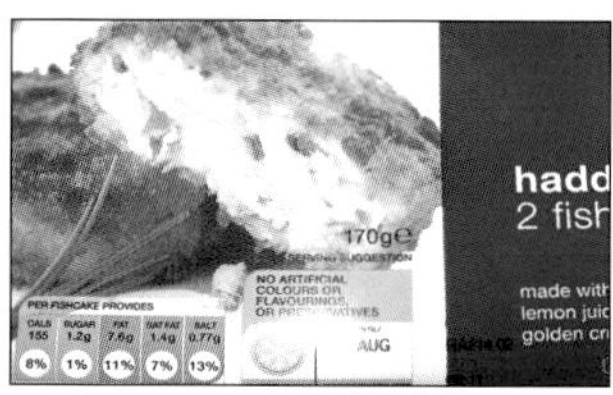
hadd
2 fish
170g

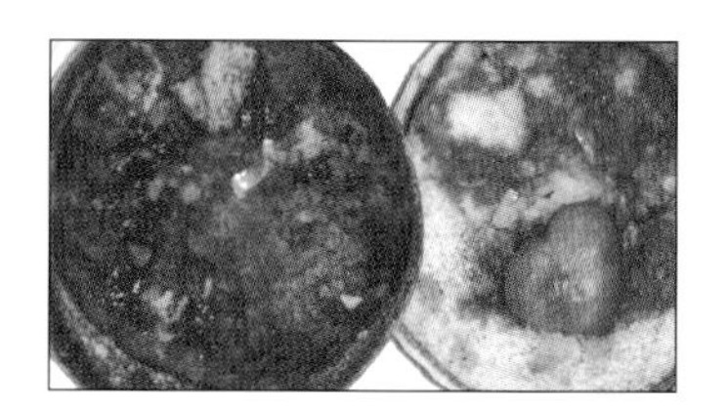

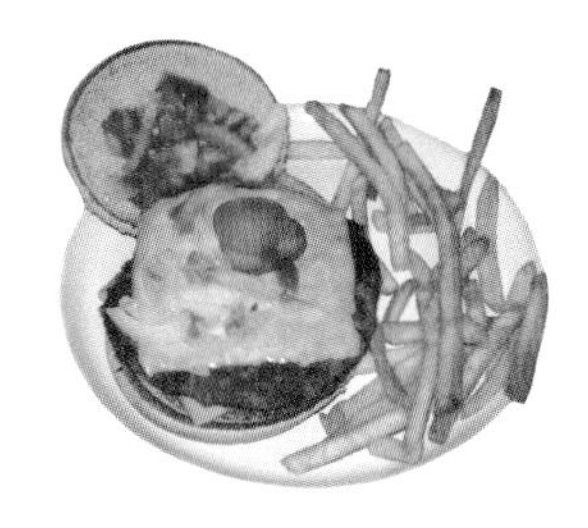

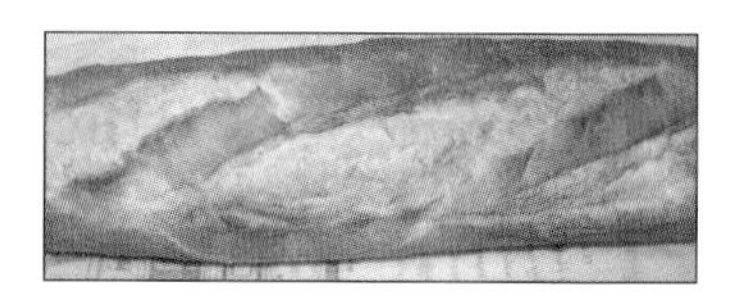

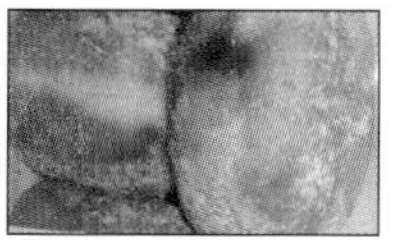

Tá tú amuigh ag siopadóireacht. Seo roinnt abairtí atá de dhíth ort. Cleacht le do mhúinteoir iad agus ansin foghlaim iad.

12. To ask the shop assistant if he/she has a certain item we say:
"An bhfuil ………………agat?

Seo roinnt samplaí duit:

An bhfuil arán donn agat?

An bhfuil uibheacha agat?

An bhfuil ispíní agat?

An bhfuil uachtar reoite agat?

Seo tuilleadh samplaí. Amharc orthu, cuir do mhéar ar 3 cinn acu agus cuir an cheist thuas ar do chara ranga.

13. The shop assistant may begin the conversation with a greeting and ask what you would like.

"Dia duit. An dtig liom cuidiú leat?"

or he/she may say:

Dia duit. Cad é ba mhaith leat?

Seo roinnt samplaí duit:

"Dia duit. An dtig liom cuidiú leat?"
Dia is Muire duit. Ba mhaith liom barra seacláide, le do thoil.

"Dia duit. Cad é ba mhaith leat?"
Dia is Muire duit. Ba mhaith liom mála milseán, le do thoil.

Anois bí ag obair le cara ranga. Amharc ar na hearraí thíos agus iarr 3 cinn ar do chara ranga, an cúntóir siopa.

Now work with a partner. One of you plays the role of the customer and the other is the shop assistant. Greet the assistant and request at least 3 of the items below. Reverse the roles.

14. To ask if you want anything else the shop assistant may say :
"Rud ar bith eile? "
and to indicate that there is nothing else you want you can say:
" Sin an méid, go raibh maith agat"

15. To ask how much you owe you say:
"Cá mhéad sin?"

To count money we use the following coins and notes.

Pingin amháin

Dhá phingin

Cúig phingne

Deich bpingne

Fiche pingin

Caoga pingin

Punt amháin

Dhá Phunt

Cúig Phunt

Deich bpunt

Fiche punt

Caoga punt

Seo tuilleadh samplaí duit. Cleacht le do mhúínteoir agus le do chara ranga iad.

12p : dhá phingin déag.	22p : dhá phingin is fiche.
3p : trí phingne.	33p : trí phingne is tríocha.
£4 : ceithre phunt.	£44 : ceithre phunt is daichead.
15P : cúig phingne dhéag.	55p : cúig phingne is caoga.
£16: sé phunt déag.	£66 : sé phunt is seasca.
17P : seacht bpingne déag.	77p : seacht bpingne is seachtó.
£8 : ocht bpunt.	£88 : ocht bpunt is ochtó.
9p : naoi bpingne.	99p : naoi bpingne is nócha.

Anois amharc ar na héarraí thíos, cuir do mhéar ar 3 cinn acu agus cuir ceist ar do chara ranga "Cá mhéad atá air sin?"

36p

40p

£1.10

49p

70p

25p

60p

16. Seo thíos siopaí coitianta a fheiceann tú i do cheantar féin. Gabh siar ar an liosta earraí a dhíolann siad le do mhúinteoir agus ansin foghlaim iad.

(a) An tOllmhargadh

Díolann siad cáis, cannaí cóc

subh, anraith,

caife, málaí tae,

im, pónairí,

bainne, siúcra,

agus calóga arbhair.

(b) An Siopa Aráin

Díolann siad arán geal,
agus arán donn,

arán prátaí
agus arán na Fraince

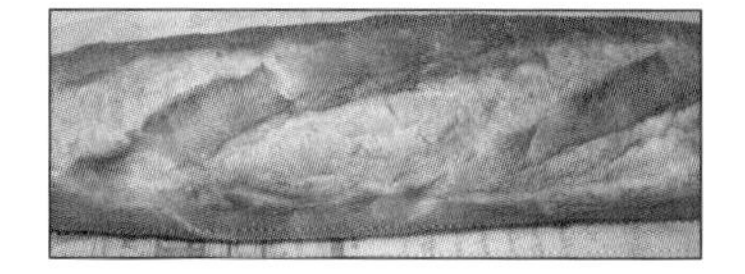

borróga, toirtín úll, agus cístí.

(c) An Siopa Glasraí

Díolann siad prátaí, agus trátaí,

bananaí, úlla, piseanna agus beacáin,

Piobair agus sútha gorma

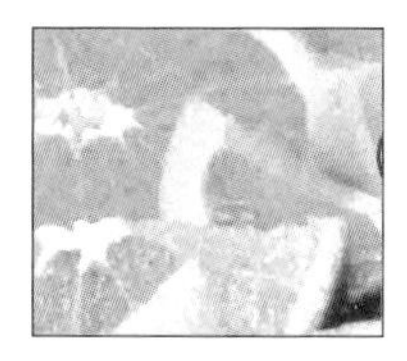

agus oráistí.

(d) An Siopa Búistéara

Díolann siad stéig agus sicín,

bagún, ispíní,

agus uibheacha

(e) An Siopa Milseán

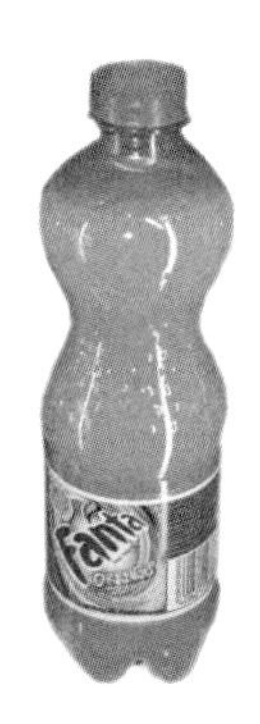

Díolann siad milseáin,

agus deochanna

Uachtar reoite, Barraí seacláide, agus brioscain phrátaí

17. Déan na ról-imirtí thíos i gcomhar le do chara ranga.
Carry out the roleplays below with a class friend.

A. Tú Féin	Do chara ranga
1. Greet the shop assistant	Reply to the greeting
2. Ask if he /she has any milk	He/she says "Yes"
3. Ask how much it is	Says "35p"
4. Ask for a small carton	Says " Here you are"
5. Thank him/ her.	Says " Goodbye".

B. Do chara ranga	Tú Féin
1. Greets the customer	Reply to the greeting
2. Ask s what you would like	Say you want sausages and bacon
3. Says he/she has no sausages	Say " alright"
4. Asks if you want anything else	Says "Give me a box of eggs"
5. Says " Here you are"	Thank him and ask how much that is.

4. Tá tú ag déanamh socruithe do bhéile teaghlaigh. Éist leis an chomhrá agus ansin freagair na ceisteanna/roghnaigh an freagra ceart.

You are making arrangements for a family meal in a restaurant. Listen and then answer the questions/select the correct option below.

1. Cad é ba mhaith le Máirín?
2. Cén lá agus dáta atá i gceist?
3. Cá mhéad acu a bheidh ann?

   3 5 7 8

4. Cén t-am a mbeidh siad ag ithe?

- idir 7.30 agus 8.00
- idir 8.00 agus 8.30
- idir 8.30 agus 9.00
- idir 9.00 agus 9.30

5. Cluineann tú an comhrá seo sa bhialann i nGaelscoil. Éist leis an chomhrá agus ansin freagair na ceisteanna thíos.

1. What does the first pupil ask for and how much will it cost?
2. What price are the sandwiches?
3. Which one does he/she ask for?
4. Circle 2 of the desserts which are available.

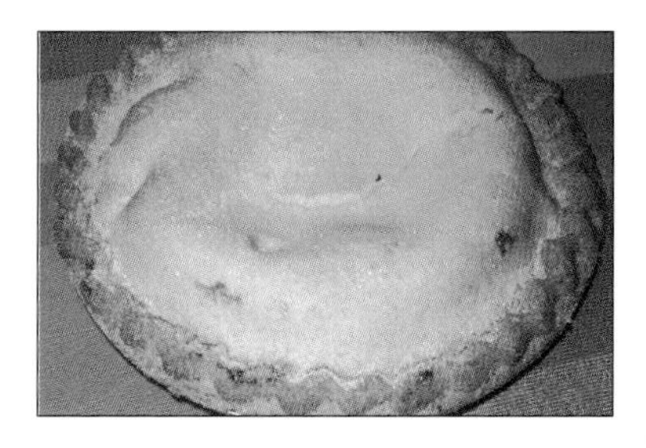

5. What price is the dessert he/she chooses?

1. Ceangail gach ceann de na pictiúir thíos leis an fhocal ceart/abairt chuí.

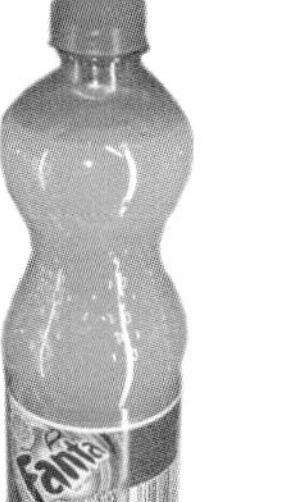

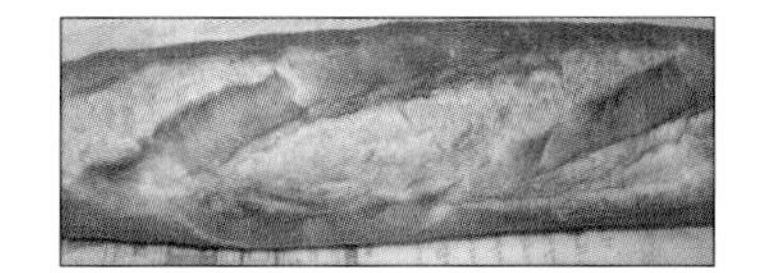

Arán na Fraince	Buidéal oráiste	Subh milis
Uibheacha	Glasraí	Anraith glasraí
Prátaí bácáilte	Mála bhrioscáin phrátaí	Bainne
Mála milseán	Builín aráin	Ispíní

2. Ceangail gach ceann de na pictiúir thíos leis an phraghas ceart ón bhosca ag bun an leathanaigh. Scríobh an praghas sa bhosca taobh le gach pictiúr.

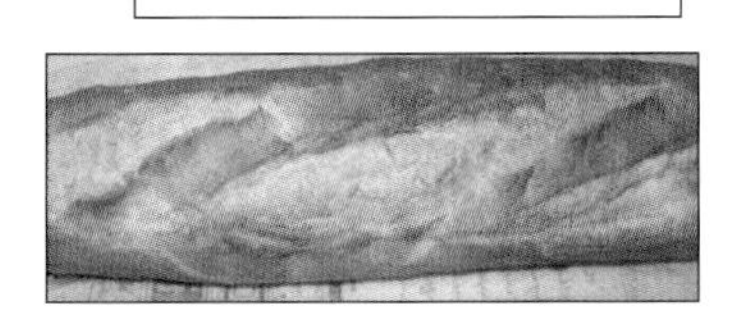

Tá dhá phunt, naoi bpingne is daichead ar phíosaí sicín.
Tá dhá phunt agus naoi bpingne déag ar na prátaí bacáilte.
Tá trí phunt caoga ar an uachtar reoite.
Tá naoi bpingne agus nócha ar na beacáin.
Tá punt, naoi bpingne is seasca ar na glasraí.
Tá cúig phingne is daichead ar arán na Fraince.
Tá punt, nócha a naoi ar na prátaí úra.
Tá caoga pingin ar an channa Coke.
Tá punt agus naoi bpingne déag ar na sceallóga.
Tá punt, seachtó a cúig ar na cistí éisc.

3 .Líon isteach na bearnaí sna habairtí thíos.

Bor_ _ir_ C_is_

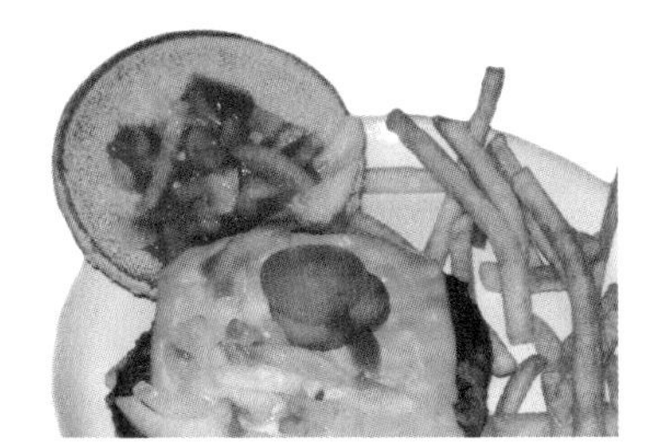

A_ á_ na Fr_ _ nc_

Má_ _ Pr_ _ a _

M_l _ Mi_ _ é _ _

C_ _ t_

B _ r _ _ Seac_ _ id_

Bui_ é _ _ U _ _ c _

S _ Ú _ _

_ll_ Gl_ _ a

Bri_ _ cá_ _ P_r_t _í

4. Amharc ar na léaráidí agus scríobh an praghas faoi gach ceann acu. Tá sampla déanta duit.

Tá cúig phingne is seachtó ar bharra seacláide.

75p

69p

£2.45

65p

30p

£1.25

£1.80

75p

£1.65

£2.99

5. Amharc ar na léaráidí agus ansin scríobh liosta do 3 shiopa ón liosta seo thíos.

- Ollmhargadh
- Siopa Búistéara
- Siopa aráin
- Siopa Glasraí
- Siopa Milseán.

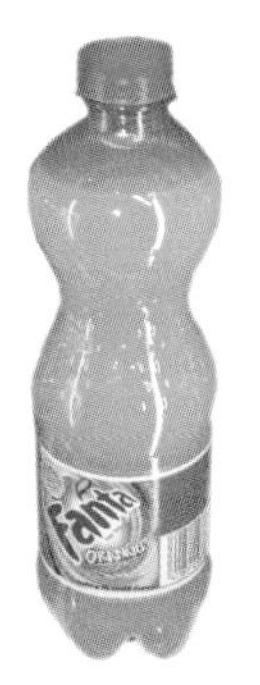

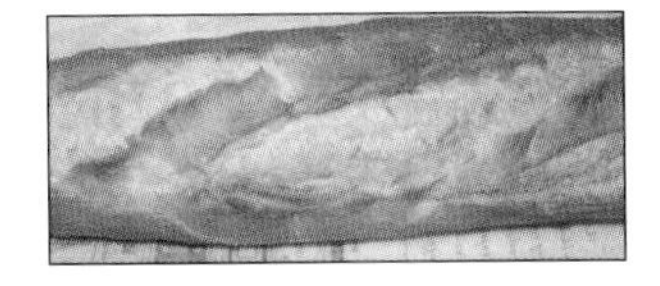

6. Déan suirbhé ranga le fáil amach cad iad na bianna is maith/fuath agus nach maith le daoine. Déan amach foirm leis an eolas a chruinniú ar aon dul leis an cheann thíos. Bain úsáid as an ríomhaire leis na torthaí a leiriú.

Conduct a class survey to find out what foods people like/prefer and dislike. Design a capture form and then use a Spread Sheet/Pie Chart to display the results.

Ainm an Scoláire	An Bia	Is maith leis/léi	Ní maith leis/léi	Is fuath leis/léi
	Feoil			
	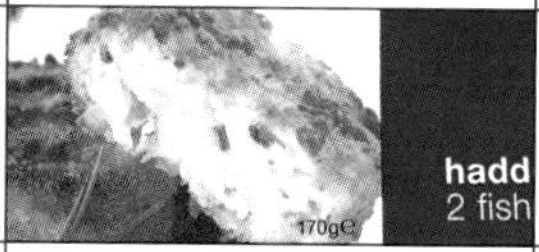			
	Sceallóga			

	Sútha talún			
	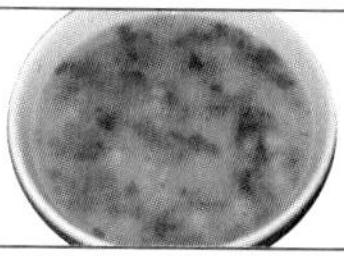			
	Uibheacha scrofa			

	Úlla glasa			

In this unit we looked at the system for counting money and saying how much something costs,

Sampla: Cá mhéad atá ar úll glas?
Tá cúig phingin is fiche air.

25p

Amharc ar na pictiúir thíos agus ansin scríobh an abairti chuí faoi gach sampla:

Cá mhéad atá ar sú oráiste?

£1.99

Cá mhéad atá ar na hispíní?

£1.49

Cá mhéad atá ar chupán tae?

£1.20

Cá mhéad atá ar arán na Fraince?

75p

Cá mhéad atá ar bhuidéal oráiste?

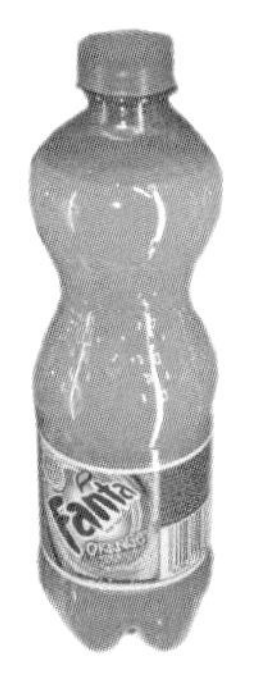

80p

Cá mhéad atá ar an chabáiste?

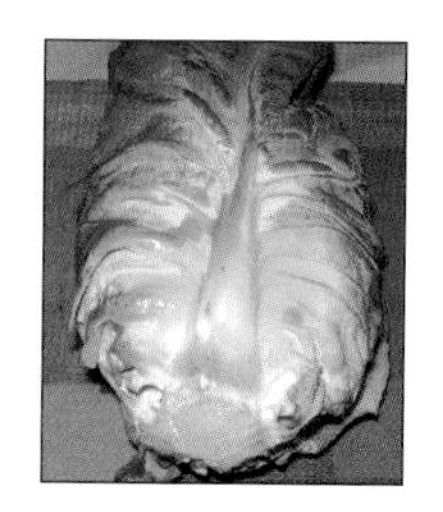

66p

Cá mhéad atá ar na sútha talún?

£2.50p

Cá mhéad atá ar an arán rósta?

40p

Cá mhéad atá ar
iasc agus glasraí?

£5.60

Cá mhéad atá ar na málaí tae?

£1.85

2. Cleachtadh a Dó

In this unit we look at counting money and talking about prices.

Amharc ar na léaráidí thíos agus scríobh freagra ar an cheist "Cá mhéad sin"?

(a)

(b)

(c)

(d)

(e)

3. In the first 3/4 units we came across a number of occasions where we aspirate nouns or verbs. These are :

- Following numerals 2-6 (**dhá, trí, ceithre, cúig, sé**) the noun will be aspirated : Dhá pheann, trí mhadadh, ceithre chathaoir, cúig chat, sé theach.

- After the posessive adjectives (mo chóta, do chara, a dheirfiúr (his sister) and phrases using them combined with "i" (i mo chónaí/ , chodladh/ shuí etc).

- **After simple preposition when the noun that follows is a singular one i.e. sa bhosca, faoin mhála, ag an fhuinneog.**

- When we call someone by name : A Cháit, A Phóil, A Shíle.

- When we place Ní before a verb i.e. Ní shiúlaim ar scoil, ní théim ag siopadóireacht Dé Sathairn.

* remember that none of the above will have an effect on vowels.

When the consonant is aspirated the sound of the word changes. Below are some guidelines about those changes:

- **B** and **M** will both change their sound to a **W** or **V** depending on whether the next vowel is broad (a, o, u) or slender (e,i). When the next vowel is **broad** we get a **W** sound, when it is **slender** we get a **V** sound i.e. A Mháire, A Bhriain, a Bhreandáin. Bhris mé mo bháta leadóige.

- **C** when aspirated produces a sound like the "**gh**" in the word "**lough**"

  Sampla : Chaill mé mo chóta Dé Chéadaoin.

- When **D** is aspirated it sounds like the **G** in **Good** when the next vowel is broad and has a **Y** sound when the following vowel is slender.

  Sampla :Dhúisigh Deirdre mo dheartháir Diarmaid.

- **F** when aspirated becomes silent.

  Sampla:Fuinneog, an Fhuinneog,Féilire, an Fhéilire

- **G** when aspirated before a broad vowel produces a throaty sound. When it is followed by a slender vowel we get a similar sound to the **D** followed by a slender vowel.

  Sampla :Ghoid Gearóid an gabhar a gheall m'uncail dom.

- **P** when aspirate sound like an **F**,

  Sampla: Phós sí Peadar, mac an phíobaire.

- **S** and **T** when aspirated sound like **H**,

  Sampla:. Shuigh Aoibhín ar shuíochán sa seomra ranga.

  Thóg Tomás a theach ar thalamh ard.

Seo tuilleadh samplaí. Cleacht le do mhúinteoir agus le cara ranga iad!

Bhris Brian barr a bhata le buille amháin.

Nuair a bhain mé Baile Átha Cliath amach ní raibh Bríd sa bhaile.

Chuir mé cat Cháit sa charr.

Ar chuidigh Colm le Caitríona sa chaife?

Ith do dhinnéar a Dhónaill.

Tá fráma ar an fhéilire faoin fhuinneog.

A Ghearóid, is tú mó ghrá gheal, ó Ghráinne.

Mharaigh Micí mo mhadadh mhór.

Tá Peadar, mac Phádraig, sa phictiúrlann.

Sheas Seamas suas ar shuíochán.

Seo thíos paidreacha beaga le rá ag am béilí. Cleacht le do mhúinteoir iad, scríobh i do leabhar nótaí iad agus tarraing pictiúir. Bain úsáid astu!

Below are short prayers to say before and after meals. Practise them with your teacher, copy them into your notebook, draw a picture for each and use them!

Altú Roimh Bhia

(Grace before meals)

Beannaigh sinn, a Thiarna,
Beannaigh ár mbia agus ár ndeoch,
Ós tú a cheannaigh sinn go daor,
Saor sinn ó gach olc.

Altú i ndiaidh Bhia

(Grace after meals)

Moladh le Dia nach gann,
Moladh gach am don Rí,
Moladh le hÍosa Chríost,
Ar son a raibh againn den bhia.

Seo dán beag clúiteach a scríobh Pádraig Mac Piarais, ceannaire Éirí Amach na Cásca 1916, sula bhfuair sé bás.

Cleacht le do mhúinteoir é, foghlaim an dán, tarraing pictiúr i do leabhar nótaí agus fiosraigh scéal a bheatha, le cara ranga.

This very well- known poem, "Mise Éire" was written by Patrick Pearse, one of the leaders of the Easter Rising in 1916, an important event in Irish history. Practice it with your teacher, learn it and then illustrate the poem in your notebook.

Obair bheirte/ghrúpa

With a partner or class group find out what you can about the life of Pádraig Pearse. In particular find out what you can about his love of the Irish language and his setting up of Scoil Éanna - a famous Irish Medium school.

Then prepare a presentation for the class on what you have learnt.

Mise Éire

Mise Éire,
sine mé ná an Chailleach Béarra,
Mór mo ghlóir,
Mé a rug Cúchulainn cróga,
Mór mo náire,
Mo chlann féin do dhíol a máthair,
Mise Éire,
Uaigní mé ná an Chailleach Béarra.

1. Béilí	Meals
Bricfeasta	breakfast
Lón	lunch
Dinnéar	dinner
Suipéar	supper

2. Bricfeasta	Breakfast
Arán donn	brown bread
Arán geal	white bread
Arán na Fraince	French bread
Arán rósta	toast
Bagún	bacon
Bainne	milk
Brachán	porridge
Calóga arbhair	cornflakes
Caife	coffee
Friochtán	fry
Ispíní	sausages
Siúcra	sugar
Sú oráiste	orange juice
Sú úll	apple juice
Subh milis	marmalade
Tae	tea
Taephota	teapot
Ubh	egg
Ubh bhruite	boiled egg
Ubh fhriochta	fried egg
Ubh scallta	poached egg
Ubh scrofa	scrambled egg
Uibheacha	eggs
Uibheagán	omelette

3. Lón — Lunch

Anraith	soup
Anraith glasraí	vegetable soup
Anraith sicín	chicken soup
Anraith trátaí	tomato soup
Bonnóg	a scone
Borróg	a bun
Borgaire	a burger
Borgaire cáise	a cheese burger
Bradán	salmon
Brioscaí	biscuits
Brioscáin phrátaí	crisps
Buidéal uisce	a bottle of water
Canna coke	a can of coke
Ceapairí	sandwiches
Ceapairí cáise	cheese sandwiches
Ceapairí sailéid	salad sandwiches
Ceapairí sicín	chicken sandwiches
Gloine bainne	a glass of milk
milseog	dessert
prátaí bácáilte	baked potatoes
sailéad torthaí	fruit salad
sceallóga	chips
toirtín úll	apple tart
torthaí úra	fresh fruit
trátaí	tomatoes
traidhfil	trifle
uachtar	cream
úll dearg	a red apple
úll glas	a green apple

4. Dinnéar	Dinner
anlann	sauce
beacáin	mushrooms
cabáiste	cabbage
císte cáise	cheese cake
coilís	cauliflower
feoil	meat
glasraí	vegetables
iasc	fish
milseog	dessert
piobair	peppers
piseanna	peas
pónairí	beans
prátaí rósta	roast potatoes
prátaí úra	new potatoes
rís	rice
salann	salt
sicín	chicken
stéig	steak
sú	gravy
tuilleadh prátaí	more potatoes
uachtar reoite	ice cream

5. Siopaí Coitianta	Common Shops
Ollmhargadh	supermarket
Siopa Aráin	Bread shop
Siopa Búistéara	Butcher's shop
Siopa Glasraí	Vegetable shop
Siopa Grósaera	Grocer's shop
Siopa Milseán	Sweet shop

6. Frásaí Eile	Other phrases
An bhfuil bainne agat?	Do you have milk?
Ar mhaith leat tuilleadh..?	Would you like more..?
B'fhearr liom caife	I would prefer coffee
Ba mhaith liom an biachlár a fheiceáil	I would like to see the menu
Cá mhéad sin?	How much is that?
Rud ar bith eile?	Anything else?

Téacsanna Éisteachta.

Saol na Scoile : AT1 : Éisteacht (Cuid a hAon)
Éist leis an eolas ar an dlúthdíosca agus ansin freagair na ceisteanna i do leabhar.
1. Listen to the material on the CD and then answer the questions below/ write the correct number beside each illustration.
Tá sampla déanta duit.

Uimhir a haon :	Doras
Uimhir a dó :	Cathaoir
Uimhir a trí :	Osteilgeoir
Uimhir a ceathair :	Clár na bhfógraí
Uimhir a cúig :	Bosca Bruscair
Uimhir a sé :	Bosca peann
Uimhir a seacht :	Radaitheoir
Uimhir a hocht :	Téacsleabhar
Uimhir a naoi :	Mála scoile
Uimhir a deich :	Rialóir
Uimhir a haon déag:	Scriosán
Uimhir a dó dhéag :	Peann luaidhe

2. Listen to the material on the CD and then select and write in the correct colour beside each object illustrated.
Tá sampla déanta duit.

Tá dath liath ar an bhosca bruscair.
Tá an peann bándearg ina luí ar an tábla.
Tá an mála scoile dúghorm.
Tá an téacsleabhar corcra.
Tá clár na bhfógraí gorm.
Tá an glantóir donn.
Tá an an leabhar nótaí dearg.
Tá an peann luaidhe buí.
Tá an chathaoir gorm.
Tá an doras glas.

3. Éist leis an eolas ar an dlúthdíosca agus ansin freagair na ceisteanna i do leabhar.
Listen to the material on the CD and then write in the correct number beside the illustration, according to the order given.
Tá an mála scoile ina luí in aice leis an chlár bán.
Tá an téacsleabhar ina luí ar an urlár.
Tá an t-osteilgeoir ina sheasamh ar thábla beag.
Tá an bosca bruscair taobh leis an doras.
Tá an peann luaidhe buí faoin tábla.
Tá an bosca peann luaidhe ar leac na fuinneoige.

4. Éist leis na scoláirí seo a leanas ag caint agus ansin cuir líne faoi na habairtí atá fíor.
Listen to these pupils talking and then underline the phrases which are true. An example has been done for you.

Is mise Brian. Tá mé bliain déag d'aois. Tá mé ag freastal ar ardscoil. Tá mé i mbliain a hocht.

Is mise Úna. Tá mé trí bliana déag d'aois. Tá me ag freastal ar Ghaelscoil. Tá mé i mbliain a naoi. Críochnaíonn an scoil ar ceathrú go dtí a ceathair.

Liam an t-ainm atá orm. Tá mé ar scoil in Inis Ceithleann. Is scoil ghramadaí í. Tosaíonn an scoil ar maidin ar fiche i ndiaidh a naoi.

Téim ar bhunscoil Naomh Treasa i mBéal Feirste agus tá mé deich mbliana d'aois. Tá mé i mbliain a sé. Síle atá orm.

Saol na Scoile : AT1 : Éisteacht (Cuid a dó)

5. Éist leis na scoláirí seo a leanas ag caint faoina scoileanna agus ansin cuir líne faoi na ráitis atá fíor..
Listen to these pupils talking and then underline the phrases which are true.
An example has been done for you.

Is mise Jessica. Tá mé ag freastal ar Choláiste Dhún Liam, i mBéal Feirste Thuaidh. Caithim éide scoile ghlas, gúna agus geansaí glas, léine bhán agus carbhat liath,glas agus bán. Ní miste liom an éide scoile ach ní maith liom an dath.

Cormac atá orm agus tá mé ag freastal ar Aquinas i mBéal Feirste Theas. Té mé i mbliain a naoi. Caithimid éide scoile dhúghorm agus dhubh. Tá an chasóg dúghorm, tá an geansaí liath agus caithim bríste agus bróga dubha.

Is mise Laoise agus tá mé ag freastal ar Bhunscoil Bhanríon na Síochána. Tá mé i rang a sé. Tá ocht scoláire is fiche i mo rang. Caithim sciorta dúghorm, t-léine buí agus geansaí allais gorm.

Oisín atá orm agus téim ar scoil i gColáiste Muire agus Phádraig, an Cnoc. Tá mé i mbliain a hocht agus tá seacht scoláire is fiche sa rang s'agamsa. Caithimid éide scoile dhubh agus liath, casóg dhubh, léine bhán, carbhat gorm,liath agus bán agus geansaí liath. Is maith liom m'éide scoile.

Ag Cur Síos ar Dhaoine : AT1 :Éisteacht (cuid a haon)

1. Eíst leis na daoine seo ag caint agus ansin líon isteach na bearnaí sna habairtí thíos. Tá liosta ag bun an leathanaigh.
Listen to these people talking and then fill in the gaps in the sentences from the names in the box.

(i) Slán abhaile, a Mharcais, chífidh mé thú amárach.
(ii) Slán agat, a Mháire.
(iii) Tá sé a deich a chlog. Oíche mhaith a Shéamais.
Oíche mhaith, a dhaidí.

(iv) Ta fáilte mhór romhat chuig Coláiste Feirste, a Shíle.
Go raibh maith agaibh.

(v) Dia duit, a Bhreanda.
Dia is Muire duit, a Liam agus a Thomáis.

(vi) Slán, a mhamaí, beidh mé ar ais ar a cúig.
Maith go leor, a Úna.

2. Éist leis na daoine seo ag caint agus ansin cuir F (fíor) leis na habairtí thíos ata fíor agus B (bréagach) leis na cinn nach bhfuil. Tá samplaí déanta duit.

Seo í Nóra. Is girseach scoile í. Tá sí trí bliana déag d'aois.
Seo í Máire. Is í mo chara í. Séan an t-ainm atá orm.
Is mise Joe. Seo é m'athair mór. Séamas an t-ainm atá air.
Seo í Úna. Is múinteoir Gaeilge í. Is í aintín Mháire í
Colm atá orm. Is gasúr scoile mé. Tá mé dhá bhliain déag d'aois.
Seo í Síle. Is í máthair Pheadair í. Tá a cuid gruaige rua.

3. Éist leis na daoine seo ag caint agus ansin freagair na ceisteanna/ roghnaigh an freagra ceart. Tá sampla déanta duit.

Is mise Colm. Tá mé deich mbliana d'aois. Tá dath donn ar mo shúile agus tá mo chuid gruaige fionn.

Aoibheann atá ar mo chara scoile. Tá sí i mbliain a hocht. Tá cúigear ina teaghlach. Tá deirfiúr amháin aici.

Seo é mo dheartháir óg. Johnny atá air. Tá sé ceithre bliana d'aois. Tá a shúile liath agus tá a chuid gruaige donn.

Is mise Áine-Máire. Tá mé cúig bliana déag d'aois. Is girseach scoile mé. Tá ochtar i mo theaghlach. Tá ceathrar deirfiúr agam.

Nóirín an t-ainm atá ar mo chol ceathrair. Tá sí ina cónaí in Ard Mhacha. Tá sí cúig bliana déag d'aois.

4 .Éist leis na daoine seo ag caint agus ansin scríobh ainm an duine taobh leis an áit a bhfuil sé/sí ina cónaí. Tá sampla déanta duit.

Is mise Colm. Tá mé i mo chónaí i gContae an Dúin.

Aoibheann atá ar mo chara scoile. Tá sí ina cónaí in Inis Ceithleann.

Seo é m'athair mór. Patrick atá air. Tá sé ina chónaí i bPórt an Dúnain i gContae Ard Mhacha.

Is mise Áine-Máire. Tá mé cúig bliana déag d'aois. Tá mé i mo chónaí le mo theaghlach i gContae Fhear Mánach.

Nóirín an t-ainm atá ar mo chol ceathrair. Tá sí ina cónaí i mBéal Feirste.

Nellie an t-ainm atá ar mo mháthair mhór. Tá a súile gorm agus tá a cuid gruaige liath. Tá sí ina cónaí i dTír Chonaill.

Ag Cur Síos ar Dhaoine : AT1 :Éisteacht (cuid a dó)
5. Éist leis na daoine seo ag cur síos ar chara scoile agus ansin líon isteach na bearnaí/roghnaigh an freagra ceart.
Listen to these pupils describe their school friends and they fill in the information gaps/select the correct options below.

Is mise Johnny Black. Séamas atá ar mo chara scoile. Tá sé an-ard agus measartha tanaí. Ta seachtar ina theaghlach. Tá sé iontach greannmhar agus measartha cliste. Tá sé ina chónaí i gContae an Dúin.

Mise Sinéad. Is girseach scoile mé agus téim ar scoil i nDún Geanainn. Julie atá ar mo chara ranga. Tá sí iontach beag, tá a súile gorm agus tá a cuid gruaige fionn. Tá sí iontach cainteach agus múinte. Tá ceathrar deartháir aici agus tá sí ina cónaí in Oileán an Ghuail.

6. Éist leis na scoláirí seo ag cur síos orthu féin agus ansin freagair na ceisteanna/ roghnaigh an freagra ceart.
Is mise Cormac. Is gasúr scoile trí bliana déag mé. Cónaím le mo theaghlach i mBéal Feirste. Tá seachtar i mo theaghlach, tá beirt dheirfiúr agus beirt dheartháir agam. Tá mé ard, caol. Tá mo shúile donn agus tá mo chuid gruaige fionn. Tá mé iontach cairdiúil, cainteach. Is maith liom peil ghaelach agus iománaíocht. Ní maith liom bheith ag éisteacht le ceol nó bheith ag léamh.

Úna an t-ainm atá orm agus tá mé dhá bhliain déag d'aois. Tá mé i mo chónaí i bhFear Manach. Tá mé ag freastal ar scoil in Inis Ceithleann agus tá mé i mbliain a hocht. Tá mé beag, bídeach, tá mo shúile donn agus tá mo chuid gruaige fionnrua. Tá mé measartha cliste agus an-chainteach. Tá deifriúr amháin agam agus níl deartháir ar bith agam. Is maith liom bheith ag rothaíocht ach ní maith liom cluichí ríomhaire.

Laethanta/Aimsir/ Míonna/Séasúir. : Éisteacht (Cuid a haon)

1. Éist leis na dátaí seo agus ansin cuir an uimhir a chluineann tú sa bhosca leis an abairt chuí. Tá sampla déanta duit.

Luan, an 3 Iuíl.
Domhnach, 7 Bealtaine
Máirt, 14 Eanáir
Aoine, 1 Feabhra
Déardaoin, 6 Meitheamh
Satharn, 24 Méan Fómhair
Céadaoin, 5 Lúnasa.

2. Éist leis na daoine seo ag caint faoi laethanta na seachtaine agus ansin freagair na ceisteanna /roghnaigh an freagra ceart.

Cén lá den tseachtain is fearr leat, a Liam?

Bhuel, is maith liom an Satharn agus an Domhnach agus is fuath liom an Déardaoin, ach is fearr liom an Aoine mar téim a shnámh le mo chairde oíche Aoine. Cén lá is fearr leat féin, a Nóra?

Is fearr liom féin an Mháirt mar téim chuig club na n-óg gach oíche Mháirt agus bím ag imirt leadóg thábla le mo chara Orla. Ní maith liom an Luan ná an Chéadaoin ach oiread.

Éist leis na daoine seo ag caint faoina laethanta breithe agus ansin freagair na ceisteanna /roghnaigh an freagra ceart.

Is mise Séamas. Tá mé trí bliana déag d'aois. Rugadh mé ar an 11 Lúnasa.
Úna atá orm agus tá mé dhá bhliain déag d'aois. Bhí mo bhreithlá ann Dé Luain, 12 Márta.
Is mise Liam. Beidh breithlá mo mhamaí ann Dé Sathairn agus beidh sí sé bliana is tríocha d'aois.
Bhí breithlá ag mo chara Éamann Dé Máirt agus bhí sé ceithre bliana déag d'aois.
Séan atá ar mo dheartháir óg agus beidh sé ocht mbliana d'aois Dé Domhnaigh.

4. Éist leis na daoine seo ag caint faoin am den bhliain is fearr leo agus ansin scríobh ainm an duine faoin phictiúr cuí.
Listen to these people talking about their favourite time of the year and write the name of each person underneath the correct picture. An example has been done for you.

Is mise Síle. Is fearr liom an geimhreadh mar is maith liom an sneachta.
Conall atá orm agus is fearr liom an t-Earrach mar tosaíonn gach rud ag fás.

Is mise Úna agus is fearr liom an Nollaig mar ní bhím ar scoil.
Cormac an t-ainm atá orm. Is fearr liom an samhradh mar téim ar laethanta saoire.

Sinéad atá orm agus is fearr liom an Fómhar mar bíonn Oíche Shamhna ann agus ní bhím ar scoil.

Is mise Éamann. Is fearr liom Domhnach Cásca mar téim goTír Chonaill le mo theaghlach.

5. Éist leis an CD agus cuir uimhir sa bhosca taobh le gach pictiúr de réir an oird ina gcluineann tú iad.

Listen to the CD and then number each picture according to the order in which you hear it. An example has been done for you.

Tá an ghrian ag soilsiú.
Tá sé ag cur sneachta.
Tá sé dorcha.
Tá sé ag cur fearthainne.
Tá an Fómhar ann.
Tá Mí na Nollag ann.

6. Éist leis an CD agus ceangail gach lá leis an phictiúr cheart de réir an eolais a chluineann tú.
Listen to the tape and link each day with the picture that illustrates the weather forecast given.

(a) **Inniu an Luan.** Ta an ghrian ag soilsiú.
Amárach an Mháirt. **Beidh sé ag cur sneachta.**
Inné an Domhnach. **Bhí sé ag cur fearthainne.**
Amárach an Aoine. **Beidh sé tirim, geal.**
Inniu an Déardaoin. **Beidh sé gaofar anocht.**
Inné an Satharn. **Bhí sé scamallach.**

Laethanta/Aimsir/ Míonna/Séasúir. : Éisteacht (Cuid a dó)

7. Éist leis an CD agus ansin freagair na ceisteanna i do leabhar.
Listen to the CD and then answer the questions below.

I mBaile Átha Cliath beidh sé iontach fuar agus beidh sioc ann.
Beidh sé geal ar maidin i nGaillimh ach beidh sé ag cur fearthainne oíche amárach.
I nDoire beidh sé fuar agus scamallach ar maidin.
Beidh sé gaofar i mBéal Feirste agus beidh sneachta ann.
I dTír Chonaill beidh sé ag cur fearthainne ar maidin ach beidh sé tirim san iarnóin.

Dialann an Lae : Éisteacht (cuid a haon)
1. Éist leis na daoine seo ag caint agus ansin scríobh ainm an duine faoin phictiúr cuí.
Listen to these people talking and then put the correct name under each picture.
Is mise Áine. D'éirigh mé ar maidin ar 7.30.
Is mise Tomás. Chuaigh mé a shnámh ar 5.30 inné.
Jessica atá orm. D'imir mé líonpheil i ndiaidh na scoile Dé Máirt.
Séamas atá orm. Chuaigh mé a luí go luath Dé Domhnaigh.
Ciara an t-ainm atá ar mo dheirfiúr. Rinne sí obair bhaile ar 5.00 inné.
Is mise Ryan. D'fhág mé an teach ar maidin ar 8.30.
Síle an t-ainm ata ar mo chara. D'ith sí a lón ar scoil ar 12.45.
2. Éist leis na daoine seo ag caint agus ansin scríobh an t-am ceart sa bhosca taobh le gach pictiúr.
A. Is mise Patrick.

Mhúscail mé go luath ar maidin agus d'éirigh mé ar 7.45.
Chuir mé orm m'éide scoile agus d'ith mé bricfeasta ar 8.10.
D'fhág mé an teach ar 8.30 agus chuaigh mé ar scoil ar an bhus.
D'imir mé peil sa chlós ar 12.45.
D'fhill mé abhaile ón scoil agus ar 5.00 rinne mé obair bhaile.
D'amharc mé ar an teilifís agus ar 10.15 chuaigh mé a luí.

B. Is mise Laoise.
Maidin Dé Sathairn d'éirigh mé ar 10.30.
Ansin chuaigh mé a shnámh le mo dheirfiúr.
Ar 12.00 chuaigh mé a shiopadóireacht le mo mhamaí agus cheannaigh mé péire bróg.
Tháinig muid abhaile ar an bhus ar 4.00.
Díth mé dinnéar ar 6.30 agus ar 8.00 d'éist mé le ceol.
Chuaigh mé a luí ar 9.45.

3. Éist leis an duine seo ag caint agus ansin scríobh uimhir 1-7 taobh le gach pictiúr de réir an oird ina ndearna sí iad.
Listen to this girl talking and then put the pictures in the order in which you hear them.

Is mise Eibhlín. Maidin inné d'éirigh mé go luath, d'ith mé mo bhricfeasta agus shiúil mé ar scoil ar 8.30. Bhí mé ag foghlaim sa seomra ranga ar maidin agus ansin d'ith mé mo lón. Ar 1.00 d'imir me líonpheil agus i ndiaidh na scoile chuaigh mé a shnámh. Rinne mé obair bhaile agus ansin léigh mé leabhar ar 9.00.

4. Éist leis na daoine seo ag caint agus ansin ceangail ainm an duine leis an phictiúr ceart.
Listen to these people and then link the name with the picture that shows what is wrong with them.
Tá sampla déanta duit.
Is mise Colm. Tá tinneas cinn orm.
Mise Ciara. Tá pian i mo dhroim.
Is mise Johnny. Tá mo chos briste.
Síle atá orm. Tá pian i mo chluas.
Is mise Séamas. Tá tinneas goile orm.
Is mise Orla. Tá tinneas fiacaile orm.
Mise Tomás. Tá mo scornach nimhneach.
Aoibheann an t-ainm atá orm. Tá mo ghlúin nimhneach.

Dialann an lae : Éisteacht (Cuid a dó)

5. Éist leis na daoine seo ag caint agus ansin cuir F (fíor) nó B (bréagach) taobh leis na ráitis thíos.

Listen to these people talking and put (F) in the text box beside any statement you think is true and (B) beside those which are not true.
Tá Áine ag rith mar tá deifir uirthi.
Tá Séamas ag ithe mar tá ocras air.
Tá mo chara Úna ag caoineadh mar tá brón uirthi.
Tá Liam ag ól mar tá tart air.
Tá Síle ag damhsa mar tá áthas uirthi.
Tá Dónall ina luí mar tá tuirse air.
Tá mo mhámaí crosta mar tá fearg uirthi.
Tá dearthair Eoin ag caoineadh mar tá eagla air.
Tá Éamann ina luí mar tá tinneas goile air.
Tá an babaí ag caoineadh mar tá ocras air.

Bia/ Béilí/ Siopadóireacht: Éisteacht (cuid a haon)
1. Una is writing down her shopping list as her mother calls it out.
Éist leis an chomhrá agus ansin cuir tic sa bhosca taobh leis na rudaí a bhí ar liosta Úna (8 rud).
Cad é atá de dhíth orainn ón siopa, a mhamaí?
Bhuel faigh mála prataí, bainne, sú óraiste, arán donn, im, ispíní, bagún agus málaí tae, a Úna.
Nach bhfuil uibheacha de dhíth chomh maith?
Níl, a Úna. Fuair mé leathdhosaen uibheacha sa siopa búistéara inné.

2. Three pupils discuss what they had to eat at the School Breakfast Club. Éist leo agus ansin freagair na ceisteanna/roghnaigh an freagra ceart.
Bhuel, a Bhrid, cad é a bhí agat don bhricfeasta?
Bhí sú úll, arán rósta agus bagún agam a Shéain. Cad é a bhí agat féin?
Bhuel, bhí ocras mór agam agus mar sin bhí calóga arbhair, ispíní, ubh fhriochta agus arán prátaí agam chomh maith le cupán tae. Níor ith tú rud ar bith a Shíle. Cén fáth?
Bhí pian agam i mo bholg aréir agus ní raibh ocras orm. Ach d'ól mé cupán caife.

3. Glacann beirt páirt i suirbhé scoile faoi na bianna is maith agus nach maith leo a ithe sa bhialann. Éist leis an chomhrá agus ansin cuir tic leis an rudaí is maith le Liam agus Gemma agus x leis na rudaí nach maith leo.
Listen and tick the food that Liam and Gemma one likes and put an X beside those that they do not like.

Cad é an bia is maith leat a ithe sa bhialann don lón a Liam?
Bhuel, nuair a ithim lón ar scoil is maith liom na prátaí bácáilte agus na ceapairí sicín ach ní maith liom anraith glasraí ná na borgairí cáise. Is maith liom na milseoga agus toirtín úll go háirithe.
Cad é an bia is maith leatsa a ithe sa bhialann a Gemma?
Ní ithim lón sa bhialann gach lá ach téim chuig an bhialann Dé hAoine mar is maith liom iasc agus agus bíonn sin ar an bhiachlár gach Aoine. Ní maith liom na ceapairí ach is maith liom arán na Fraince agus anraith agus bíonn na borrógа iontach blasta. Is fuath liom na sceallóga agus na borgairí.

Bia/ Béilí/ Siopadóireacht :Éisteacht (cuid a dó: Síneadh Ábhar)

4. Tá tú ag déanamh socruithe do bhéile teaghlaigh. Éist leis an chomhrá agus ansin freagair na ceisteanna/roghnaigh an freagra ceart.
You are making arrangements for a family meal in a restaurant. Listen and then answer the questions/ select the correct option below.

Haló, óstán Radharc na Mara, an dtig liom cuidiú leat?
Bá mhaith liom tábla dinnéir don oíche amárach, le do thoil.
Sin Aoine an cúigiú la déag. Maith go leor. Cá mhéad agaibh a bheidh ann?
Seachtar. Tá breithlá mo mhamaí ann agus beidh mise, mo dhaidí, mo bheirt dheirfiúr mo mháthair mhór agus m'aintín ann.
Cén t-am ar mhaith libh bheith ag ithe?
Idir leath i ndiaidh a hocht agus a naoi.
Maith go leor. Cad é an t-ainm atá ort?
Is mise Máirín Ní Néill agus beidh muid ann ar a hocht a chlog. Slán go fóill.

5. Cluineann tú an comhrá seo sa bhialann i nGaelscoil. Éist leis an chomhrá agus ansin freagair na ceisteanna thíos.

A. Gabh mo leithscéal, ach an bhfuil prátaí bácáilte ar bith agat?
Tá, cinnte. Cád é ba mhaith leat sa lár- pónairí nó cáis?
Tabhair dom prátaí bacáilte le cáis le do thoil. Cá mhéad sin?
Sin punt agus cúig phingne dhéag, le do thoil.
B. An bhfuil ceapairí ar bith fágtha?
Ta, leoga. Tá ceapairí sicín, ceapairí sailéid, ceapairí bradáin agus ceapairí cáise.
Cá mhéad atá orthu?
Punt agus caoga pingin.
Maith go leor tabhair dom ceapaire bradáin, le do thoil.
Ar mhaith leat arán donn nó arán geal?
Arán donn, le do thoil.
C. Gabh mo leithscéal, cad é atá agat mar mhilseog inniu?
Tá toirtín úll, torthaí úra, císte cáise agus uachtar reoite.
Tabhair dom píosa de chíste cáise, le do thoil. Cá mhéad sin?
Sin punt agus deich bpingne gan uachtar agus punt fiche a cúig más mian leat uachtar leis.
Tabhair dom píosa ar phunt agus deich bpingne, gan uachtar, le do thoil.